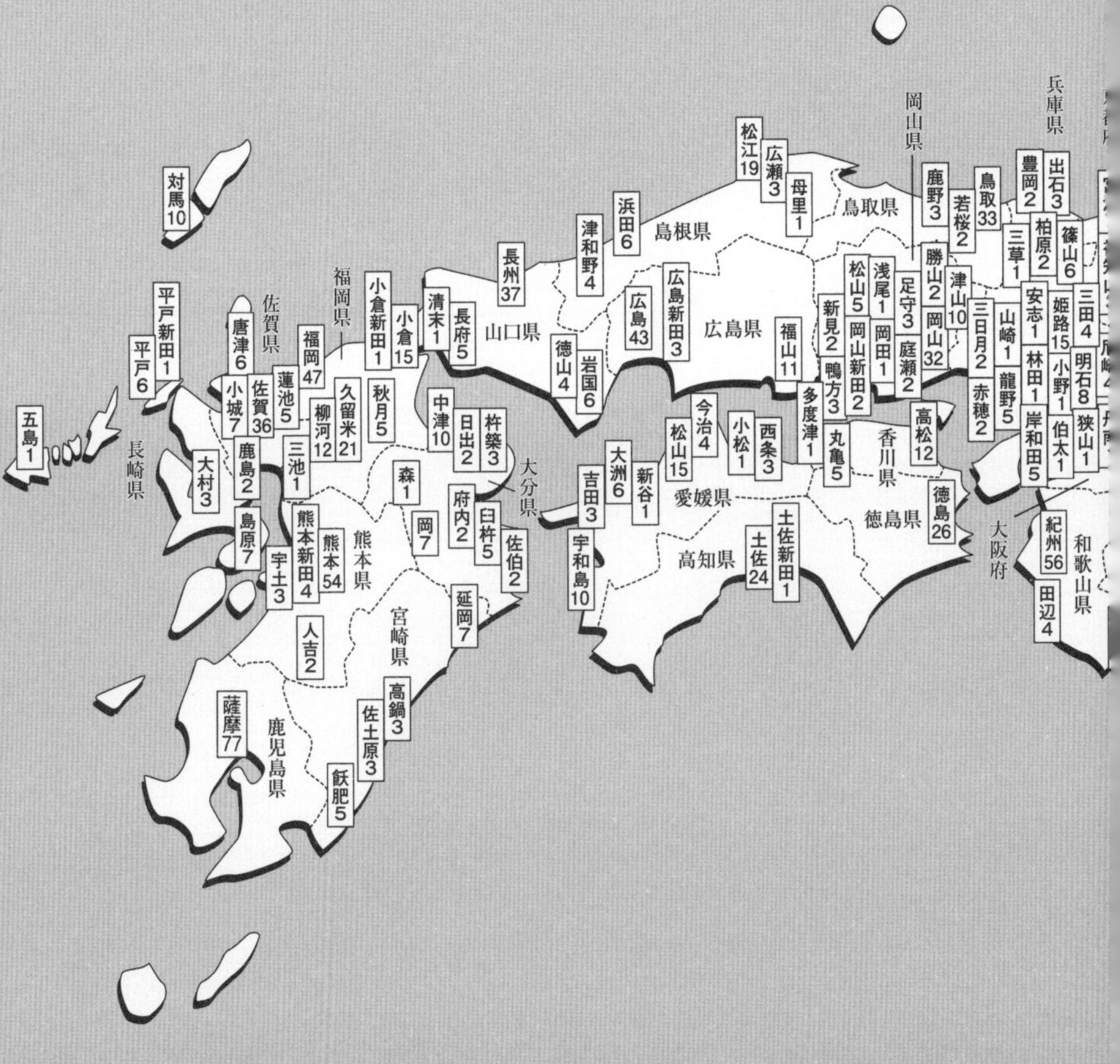
兵庫県
岡山県
松江19
広瀬3
母里1
鳥取県
鹿野3
若桜2
鳥取33
豊岡2
出石3
柏原2
篠山6
三草1
浜田6
島根県
津和野4
長州37
広島新田3
広島43
松山5
浅尾1
足守3
勝山2
津山10
三日月2
山崎1
安志1
姫路15
三田4
明石8
対馬10
平戸新田1
平戸6
佐賀県
唐津6
福岡県
小倉新田1
小倉15
清末1
長府5
山口県
徳山4
岩国6
広島県
福山11
新見2
岡山新田2
岡田1
岡山32
庭瀬2
鴨方3
赤穂2
龍野5
林田1
小野1
福岡47
蓮池5
小城7
佐賀36
久留米21
柳河12
秋月5
中津10
日出2
杵築3
今治4
小松1
西条3
多度津1
丸亀5
高松12
香川県
岸和田5
伯太1
狭山1
五島1
長崎県
大村3
鹿島2
三池1
森1
大分県
松山15
大洲6
新谷1
吉田3
愛媛県
徳島県
徳島26
大阪府
紀州56
和歌山県
島原7
熊本新田4
熊本54
熊本県
宇土3
岡7
府内2
臼杵5
佐伯2
宇和島10
土佐新田1
土佐24
高知県
田辺4
延岡7
宮崎県
人吉2
高鍋3
佐土原3
薩摩77
鹿児島県
飫肥5

シリーズ藩物語

古河藩

早川和見……著

現代書館

プロローグ

古河藩物語

古河《こが》は関東平野のほぼ中央部に位置する内陸性気候の地で、夏は湿度を伴った猛暑となり、冬は北西からの強烈な〝からっ風〟によって厳寒となることが多い。

古河の地名は大変古く、古来より河岸があり、河川交通が盛んで人々の往来が多く栄えていたことが『万葉集』からも知られる。

中世以降は下河辺《しもこうべ》行平《ゆきひら》、古河公方《くぼう》足利氏の居城として栄えてきた。利根川水系の河畔という立地に加え、幹線奥州街道の沿線になったからで、行政府というだけでなく、水陸運の流通経済においても、関東の拠点として極めて重要な役割を担ってきた。

江戸時代になると徳川家康は、古河城を江戸城の支城と位置付けて、北部防衛の拠点として極めて重視した。城主には、譜代大名の中でも特に信任の厚い者を人選している。こうしたことから、藩主においても老中等の要職者が多数輩出したのである。そして古河藩と江戸城（首都）との関係は、単に政治、軍事的な結び付きにとどまらず、水陸運における北関東の枢要地として大消費地江戸との経

藩という公国

江戸時代、日本には千に近い独立公国があった

江戸時代。徳川将軍家の下に、全国に三百諸侯《しょこう》★の大名家があった。ほかに寺領や社領、知行所《ちぎょうしょ》★をもつ旗本領《はたもとりょう》などを加えると数え切れないほどの独立公国があった。そのうち諸侯を何々家《け》家中《かちゅう》と称していた。家中は主君を中心に家臣が忠誠を誓い、強い連帯感で結びついていた。家臣の下には足軽《あしがる》層《そう》★がおり、全体の軍事力の維持と領民の統制をしていたのである。その家中を藩と後世の史家は呼んだ。

江戸時代に何々藩と公称することはまれで、明治以降の使用が多い。それは近代からみた江戸時代の大名の領域や支配機構を総称する歴史用語として使われた。その独立公国たる藩にはそれぞれ個性的な藩風《はんぷう》と自立した政治・経済・文化があった。幕藩体制とは歴史学者伊東多三郎《いとうたさぶろう》★氏の視点だが、まさに将軍家の諸侯の統制と各藩の地方分権が巧く組み合わされていた、連邦でもない奇妙な封建的国家体制であった。

今日に生き続ける藩意識

明治維新から百四十年以上経っているのに、今

済的、文化的等の関係を一層深め、古河における小江戸化が形成されていったのである。

古河藩主は国替《くにがえ》されることが多く、一一家に及ぶ譜代大名から任じられている。その中の代表格が土井家であり、同家の入封は前期・後期の二回で、その期間は一世紀半を超える。古河城のシンボル御三階櫓は、土井利勝によって創建されたものである。

古河藩を代表する藩主といえば、土井家本家十一代当主土井大炊《おおいの》頭利位《かみとしつら》である。筆頭老中まで昇進する一方で、日本で最初に蘭製顕微鏡で雪の結晶を観察したことで知られている。

その〝雪の殿様〟こと土井利位を補佐した家老が鷹見泉石で、蘭学仲間であった渡辺崋山が描いた肖像画は、誰もが目にしたことがあるのではないだろうか。

自らが解剖刀をとり人体解剖を行った最初の日本人こそが、古河藩医の河口信任で、明和九年（一七七二）、その成果を『解屍編』として刊行している。

このように、江戸時代の古河藩は全国の諸藩と比較しても、学問的水準は比較的高く、この影響もあって、明治以降になっても数々の高名な学者が輩出することとなる。

でも日本人に藩意識があるのはなぜだろうか。明治四年（一八七一）七月、明治新政府は廃藩置県《はいはんちけん》を★断行した。県を置いて、支配機構を変革し、今までの藩意識を改めようとしたのである。ところが、今でも、「あの人は薩摩藩の出身だ」とか、「我らは会津藩の出身だ」と言う。それは侍出身だけでなく、藩領出身も指しており、藩意識が県民意識をうわまわっているところさえある。むしろ、今でも藩対抗の意識が地方の歴史文化を動かしている。そう考えると、江戸時代に育まれた藩民意識が現代人にどのような影響を与え続けているのかを考える必要があるだろう。それは地方に住む人々の運命共同体としての藩の理性が今でも生きている証拠ではないかと思う。

藩の理性は、藩風とか、藩是《はんぜ》とか、ひいては藩主の家風ともいうべき家訓などで表されていた。

〔稲川明雄（本シリーズ『長岡藩』筆者）〕

諸侯▼江戸時代の大名。

知行所▼江戸時代の旗本が知行として与えられた土地。

足軽層▼足軽・中間・小者など。

伊東多三郎▼近世藩政史研究家。東京大学史料編纂所所長を務めた。

廃藩置県▼藩体制を解体する明治政府の政治改革。廃藩により全国は三府三〇二県となった。同年末には統廃合により三府七二県となった。

シリーズ藩物語

古河藩

目次

第五章　古河藩社会が直面した時代の動き

武士像と俸禄と女性像、文化。さらに幕末の動向。

これも古河

古河藩余話

土井氏略系図

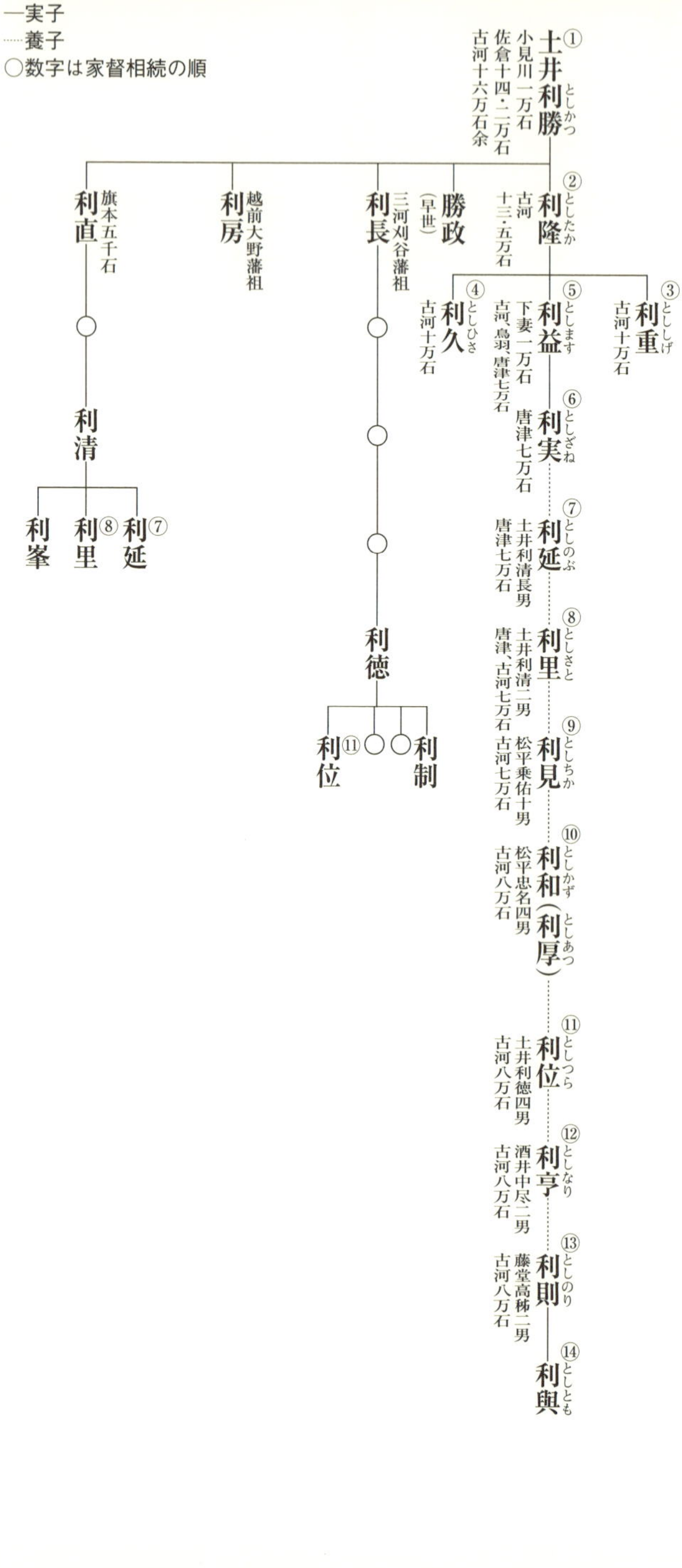

—実子
……養子
○数字は家督相続の順
①土井利勝《としかつ》
小見川一万石
佐倉十四・二万石
古河十六万石余
②利隆《としたか》
古河
十三・五万石
勝政
（早世）
利長
三河刈谷藩祖
利房
越前大野藩祖
利直
旗本五千石
③利重《とししげ》
古河十万石
⑤利益《とします》
下妻一万石
古河、鳥羽、唐津七万石
④利久《としひさ》
古河十万石
⑥利実《としざね》
唐津七万石
⑦利延《としのぶ》
土井利清長男
唐津七万石
⑧利里《としさと》
土井利清二男
唐津、古河七万石
⑨利見《としちか》
松平乗佑十男
古河七万石
⑩利和《としかず》（利厚《としあつ》）
松平忠名四男
古河八万石
⑪利位《としつら》
土井利徳四男
古河八万石
⑫利亨《としなり》
酒井中尽二男
古河八万石
⑬利則《としのり》
藤堂高毅二男
古河八万石
⑭利與《としとも》
利清
利峯
利里⑧
利延⑦
利徳
利位⑪
利制

第一章 古河藩成立以前と藩初の展開

幕藩体制における古河藩の位置付けと藩経営の苦闘。

① 古河の地の中世

古河の歴史が文献資料から具体的に明らかとなってくるのは鎌倉時代初期の下河辺行平からのこと。その後は室町幕府の一族たる足利成氏が古河公方となり、戦国時代の関東に君臨。足利氏が断絶すると、後北条氏の城番が置かれた。

下河辺行平の居城

古河城は、平安時代末期から鎌倉時代初期にかけての武将で、鎌倉幕府の御家人である下河辺《しもこうべ》行平《ゆきひら》（生没年不詳）が、古河の地に築城したのが起源だと伝わる。

この行平の所領については〝下河辺荘《しょう》〟と称され、かつての渡良瀬川下流にあたる太日川《ふといがわ》と旧利根川（今の江戸川と中川）に沿って広がる荘園であった。荘域《しょういき》は、茨城県古河《こが》市・五霞《ごか》町、千葉県野田市、埼玉県加須《かぞ》市・久喜市・幸《さっ》手《て》市・杉戸町・春日部市・松伏《まつぶし》町・吉川市・三郷市にまたがる。平坦で低地が多く、南北に長かったようだ。

『永享記《えいきょうき》』によると、行平は下総《しもふさ》国古河（現茨城県古河市）に、古河城の起源となる城館を築き拠点としたと記している。しかし下河辺氏時代の古河城を、近世の古河城址付近とすると荘域全体の中では北端過ぎることから、元《もと》栗橋城址（現茨城県猿島郡五霞町元栗橋）を指していたのではないか、という近世の諸説★もみられる。

だが下河辺荘と思われる地方で、交通上も地形上ものちの古河城となる地に匹敵する好適地は、ここをおいてほかに見当たらないことも事実であることから、近世の古河城址付近が妥当であろうという。

▼諸説
『下総旧事考』清宮秀堅著、『利根川図志』赤松宗旦ほか。

古河公方の居城時代

室町幕府は貞和《じょうわ》五年（一三四九）、関東一〇カ国の分国統治のために、出先機関の関東鎌倉府を設置した。この室町幕府の征夷大将軍が特に任命した鎌倉府の長官を、一般的に鎌倉公方・関東公方と称している。この当時の公方とは、将軍の公権力の代行者として君臨した足利将軍家の一族の者の肩書きといったような意味である。

室町時代の八代将軍足利義政時代、五代目鎌倉公方足利成氏が享徳三年（一四五四）十二月、関東管領上杉憲忠を暗殺した事件に端を発し、幕府方、山内・扇谷両上杉方、〝鎌倉公方〟方が争い、その争乱は関東地方一円に拡大し、ついには関東での内乱〝享徳の乱〟が勃発した。

山内上杉氏は、暗殺された関東管領上杉憲忠の後継を房顕として体制の立て直しを図り、室町幕府に対し支援を要請し、幕府は上杉氏支援を決定したのである。そして享徳四年（一四五五）四月に、後花園天皇から成氏追討の綸旨と御旗を賜ったために、成氏は朝敵とされている。

ここに至って、五代目鎌倉公方足利成氏は鎌倉を放棄し、以後、下総古河を本拠地としたため、これを〝古河公方〟と呼んでいる。

享徳四年六月、古河鴻巣に屋形（古河公方館）を設け、長禄元年（一四五七）十月には、修復が終わった古河城に移ったといわれる（『鎌倉大草紙』）。

古河を新たな本拠とした理由は、下河辺荘等の広大な鎌倉公方御料所の拠点で経済的基盤となっていたこと、水上交通の要衝であったこと、古河公方を支持した武家・豪族の拠点に近かったことなどが挙げられる。

当時の古河公方の勢力範囲は下野《しもつけ》国・下総国全体、常陸《ひたち》国の大半であったという。

古河城の足利成氏への対抗策として、扇谷上杉家（鎌倉市扇ヶ谷）の家宰である太田道灌は、古河城に対抗する前線上に、江戸城・岩付（岩槻）城・河越（川越）城を築き拠点とした。

このようなことから古河では、首都東京の江戸城築城に至った経緯について、太田道灌が足利成氏の古河城に対抗するため築いたものであるという伝承がある。

古河公方は、初代足利成氏、二代政氏、三代高基、四代晴氏、そして五代義氏と約百三十年間続いている。四代晴氏が天文十五年（一五四六）の〝河越夜戦〟で敗れたことから、後北条氏の影響力を強く受けるようになり、晴氏と義氏は古河を離れて、後北条氏の勢力範囲内の各地を居所とする時期が長かった。

この義氏も天正十年（一五八二）に死去すると嗣子がなく、古河公方足利氏は断絶し、以後古河城には、後北条方の城番が置かれていた。なお後裔は高家の喜連川氏となっている。

江戸時代に入ると、古河藩は、次々と藩主家が替わり、その数一一家にも及んだ。

この古河城も、明治維新後の明治六年（一八七三）に発布された〝廃城令〟によって、廃城処分となり、建造物はすべて破却されたが、城址はそのままであった。しかし明治四十三年（一九一〇）に渡良瀬川による大洪水が発生したことから、渡良瀬川の洪水対策を目的として、明治四十三年から大正十一年（一九二二）にかけての大規模な渡良瀬川改修工事が開始され、主要な曲輪は削平され、堀は埋め立てられた。今日では城跡の大半が堤防や河川敷などに変わり、消滅してしまった。

②古河藩の位置付け

江戸から比較的近距離にあった北関東の要衝地・古河の藩主は、将軍家の信任が厚い譜代大名から選任されている。また、古河城は日光社参の折りには宿城としての役割も担ってきた。

〝神君御遺状御宝蔵入百箇条〟

古河《こが》藩とは、一般的には現在の茨城県古河市周辺を領有した徳川譜代の中藩を指している。

天正十八年（一五九〇）、豊臣秀吉により関八州★の太守・小田原の後北条氏が滅ぼされると、東海より徳川家康が関東へ入国している。家康は江戸城を居城として関東の要所に家臣団を配置した。この時古河城には信濃松本より小笠原秀政が三万石で入封した。これが古河藩の起こりとされ、またこの時をもって、中世から近世への時代の幕開けともされている。

それでは、徳川幕府は下総古河藩をどのような位置付けでみていたのであろうか。

これについての回答の一つが〝神君《しんくん》御《ご》遺状《ゆいじょう》御《ご》宝蔵《ほうぞう》入《いり》百《ひゃっ》箇《か》条《じょう》〟という、徳川

▼**関八州**
関東八州のこと。相模・武蔵・安房・上総・下総・常陸・上野・下野の八カ国を指す。

家康が遺訓として将軍へ伝えたものとして現在に伝えられている。藩政時代における徳川幕府の政策のだいたいは、この遺訓の精神に基づいて執行されていたといわれる。

この家康からの遺訓の一条に「一　武州岩付（岩槻）、川越、総州佐倉、関宿《せきやど》（現野田市）、古河、上州高崎、押師（現行田《ぎょうだ》市忍《おし》）、野州《やしゅう》★宇津宮（宇都宮）、相州小田原、右九個所は江府《こうふ》の附庸《ふよう》と為す。城本役付に非《あら》ず、譜代の士これを預け置く可からず。本城の要害を知る可き事」とある。

この中で〝江府の附庸〟とは、将軍の在城している江戸城の従属国という意味であることから、古河城はまさに江戸城の支城と解釈することができよう。このことから、藩政時代古河藩主は歴代将軍家の信任が厚い譜代大名から、特に選任されていたことが理解できるであろう。

古河藩は譜代大名の中でも、特に将軍に信任の厚い者が多く封じられている。天正十八年以来明治維新まで一一氏、二八人の城主を迎え、大老二人、老中五人、大坂城代一人、京都所司代一人がそれぞれ輩出した幕府枢要の地でもあった。

古河藩の居城は、将軍の居城江戸城から北方に向かって伸びている主要街道——日光（奥州）街道——で一六里★ほど行った街道沿いにある。徒歩では首都江戸か

▼野州
下野国（下毛野）の別称で、現在の栃木県。

▼一六里
約六四キロメートル。

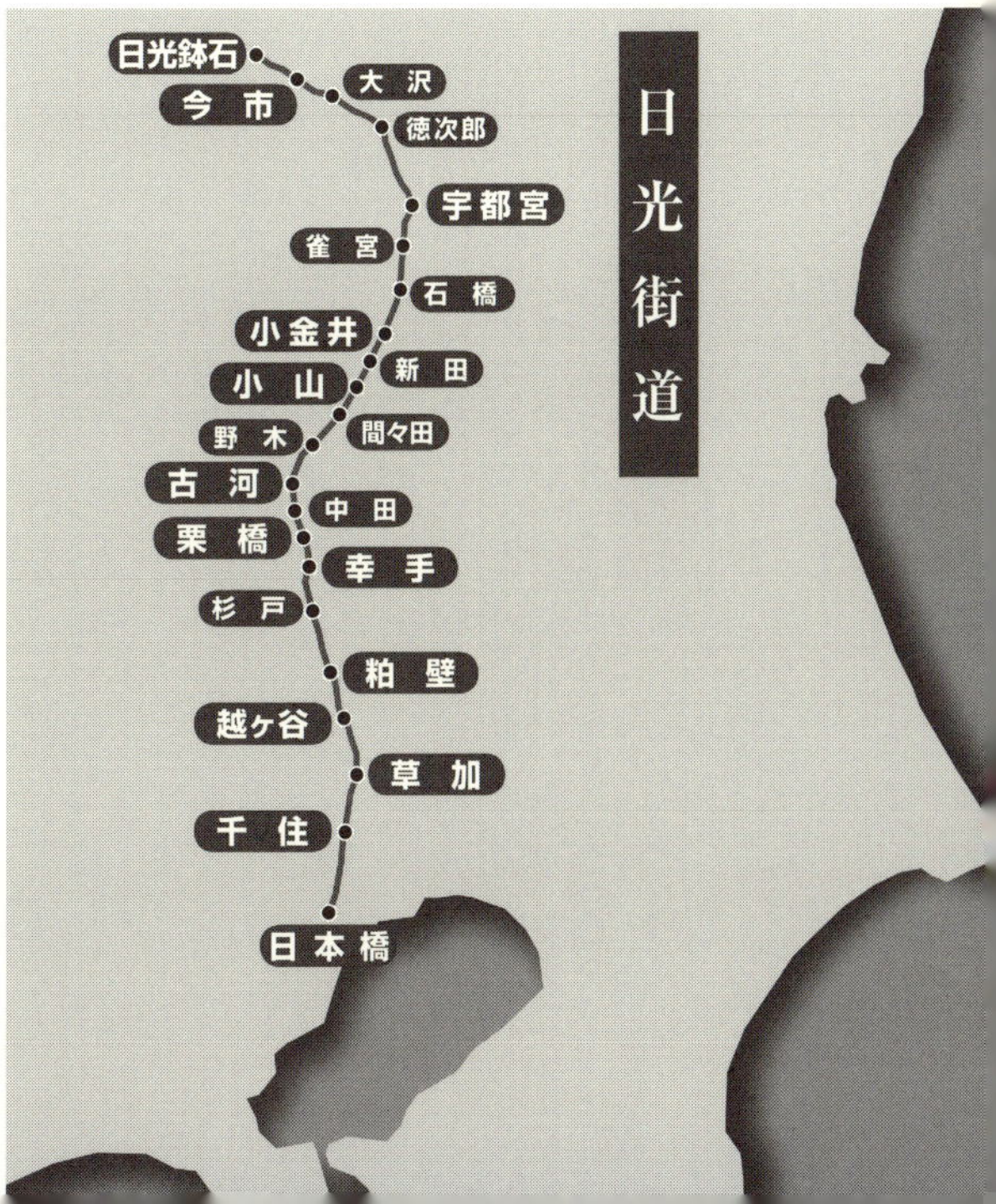

古河藩の位置付け

ら二日行程で行くことができ、この点全国諸藩の中では交通の利便な藩に入るであろう。

会津の松平家、仙台の伊達家、秋田の佐竹家、米沢の上杉家、盛岡の南部《なんぶ》家などの東北主要大名は参勤交代等で、みなこの奥州街道を利用して国許《くにもと》と江戸を往来したのである。

これらの諸大名も参勤交代などで古河城下を通過する際、無断で通過はできず、しかるべき使者を古河城へ遣《つか》わし、挨拶して通過することとなっていた。この主要街道は、合戦ともなれば主力軍が通過する軍事用として重視されていた。

この日光（奥州）街道は、徳川歴代将軍が祖家康を祀った「日光東照宮」への社参（参詣）の際、「御成り」になる道筋でもあるため、幕府は古河の地を重くみていた。

これは日光社参といわれ、徳川家康の命日四月十七日に、将軍が諸大名を引き連れて、日光東照宮に参詣する行事で、江戸時代一九回行われた。古河城は宿城★となり、利根川には、臨時に船橋が架けられた。

▼宿城
徳川将軍による日光社参の際には、日光街道沿いの大名が岩付城、古河城、宇都宮城を各宿泊場所として自らの居城を提供した。

水運業で繁栄

『万葉集』の中に古河の原《げん》風景を彷彿《ほうふつ》させる歌がある。この歌は古河人にとっては馴染みのある有名なもので、恐らく諳んじている人も多いであろう。

麻久良我《まくらが》の許我《こが》の渡りの韓楫《からかじ》の音高しもな寝なへ児ゆゑに

（巻十四・三五五五／ルビ筆者）

この歌は渡良瀬川堤防上に建つ万葉歌碑（古河市錦町）に刻《こく》されており、市民にも親しまれている。

この許我とは地名であり、地域としては現古河地方を指しているいわれている。広大な関東平野には大小多くの河川が存し、この中でも渡良瀬川、利根川などの主要河川の中流域に古河は位置している。古河は古代から河川を利用した漁業や水運業で栄えた町であった。

江戸時代は、陸上運送は至って不便であった。

今日のように道路網も整備されていない上に、主要河川については国防上の理由で架橋もされておらず、このため通行もしばしば寸断される始末である。それに引き換え、河川があれば水運は大変便利であった。大型船を建造すれば一度に大量物資を運ぶことができる上に、自由に航行ができた。このことから江戸時代は物流においては水運業が花形で、古河は古代よりこの水運業を主幹産業として繁栄した。

北関東交通の要衝地

江戸幕府を開いた徳川家康が元和《げんな》二年（一六一六）四月に死去すると、同年から翌三年にかけて、日光東照宮の造営が始まった。この時、日光付近では集められない造営用の各種の用材や漆・晒布《さらし》・銅・鉄・鉛などは、全国からまず江戸湾へ輸送され、その後あらためて高瀬舟に積載されて江戸川、利根川、渡良瀬川から思川《おもいがわ》を遡り、下野乙女河岸（現栃木県小山《おやま》市乙女）で陸揚げされ、小山から壬生《みぶ》通りを経由して日光へ、約七五キロの距離を経て送り込まれた。

そうした中で特に有名なのは、元和四年四月に九州の黒田長政が日光に寄贈したといわれている、石の大鳥居である。福岡において巨石を削り、海路を輸送して乙女河岸から陸揚げし、陸路日光に運ばれている。

この大鳥居は今も日光東照宮の表参道を登り切ったところにある。高さ九メートル、笠石の長さ一四メートル、柱の直径が一メートルもある巨大なものである。乙女河岸の問屋山中八郎兵衛の努力で陸揚げされ、壬生・鹿沼《かぬま》・今市《いまいち》を経て日光に運ばれた。陸路は丸太を並べた上にこの石をのせて運んだといわれている。

古河藩領内には利根川・渡良瀬川・思川などの主要河川が通っており、古河城自体が渡良瀬川を利用した水城《みずしろ》である上に、水運の拠点である古河河岸とも隣接

乙女河岸での陸揚げの際に沈んだ石の鳥居が、最近引き上げられた。小山市乙女小学校に保存されている。

日光東照宮、石の大鳥居

していた。

また古河河岸北方の思川河畔には乙女河岸が置かれており、水深の関係もあり同河岸が当時の高瀬舟が利用可能な北限であった。

古河河岸は乙女河岸と並んで、特に物流においては北関東と大消費地江戸を結ぶ一大拠点ともなっていた。

例えばこれは豊臣政権下の出来事であるが、慶長三年（一五九八）七月当時、五大老★の筆頭となっていた徳川家康は、謀叛《むほん》のかどで会津の上杉景勝《かげかつ》に対し、自ら征討軍の総大将となり、七月二十三日古河城に宿泊し、翌日下野小山まで進軍している。しかしこの時点で上方において石田三成たちが武力蜂起したため北進せず、小山の陣で今後の対応策について軍議し、西上して西軍石田三成と雌雄を決することとしたのである。

八月四日早朝、家康は下野小山を発したが、そのまま陸路で江戸城に向かわず下野乙女河岸から高瀬舟に乗り、思川から渡良瀬川を古河経由でそのまま下り、そして利根川から武蔵葛西《かさい》に上陸、五日には江戸城へ帰っている（家康が乗船した場所については異説があり、『徳川実紀』は乙女河岸とし、家康の侍医《じい》板坂朴斎が記した日記「慶長記」には古河城とある）。

現在の乙女河岸

乙女河岸跡の案内板

▼**五大老**
豊臣秀吉の死後、幼少の秀頼を補佐した合議制のための機関で、徳川家康、前田利家、毛利輝元、宇喜多秀家、上杉景勝が任じられた。

日光社参と宿城古河

徳川幕府の開祖で初代将軍である徳川家康は、元和二年（一六一六）四月十七日に没した後、下野国日光東照宮に葬られた。そのため、将軍は家康の命日である四月十七日に参拝すべく諸大名を引き連れて日光東照宮に参詣する行事〝日光社参〟が、江戸時代一九回行われている。この行程としては、将軍はまず初日、江戸城を発つと日光御成街道を進み、初日は岩付城に宿泊し、二日目は古河城に宿泊、三日目は宇都宮城に宿泊し、四日目に日光に到着した。日光で連泊、復路は往路を逆に辿る計八泊九日であったという。

最後の日光社参は、十二代将軍徳川家慶の時代で、天保十四年（一八四三）四月十三日に江戸城を出発し、十三日岩槻、十四日古河、十五日宇都宮、十六日日光と宿泊し、家康の命日の四月十七日に、無事に日光東照宮の参拝をすましている。

現在、古河市には天保十四年の「将軍日光社参宿割帳」が遺されており、その実態の一部を垣間見ることができる。これによると日光社参に際し、古河城は宿城となった。将軍家慶をはじめ、これに供奉する諸大名の人数は膨大であったようだ。大袈裟だろうが、社参行列の先頭が日光にある時に、最後尾はまだ江戸にいたという話も伝えられている。

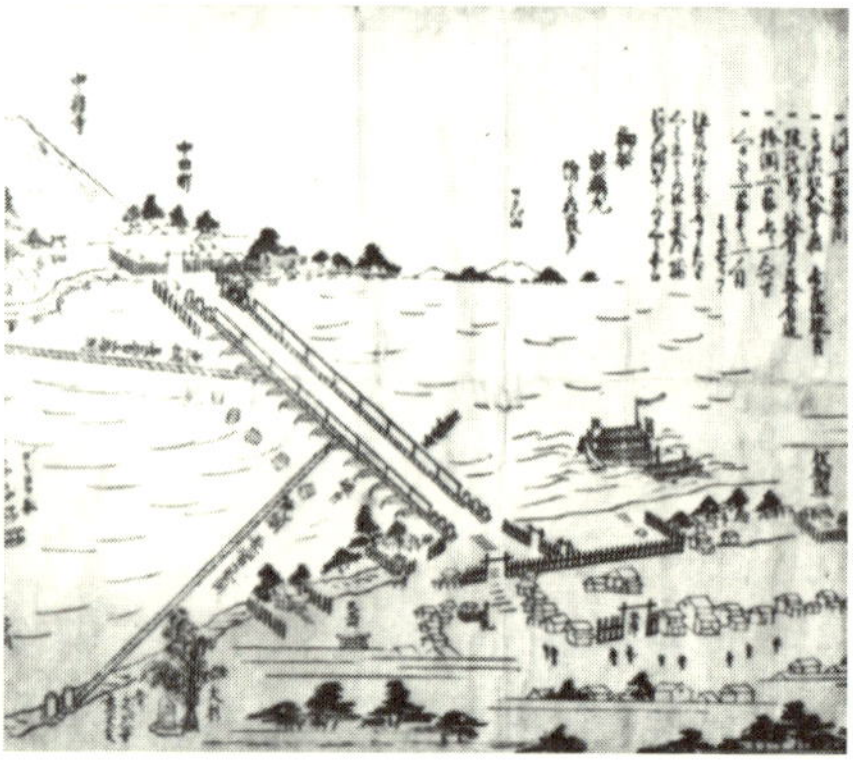

日光社参、房川渡船橋の図（鷹見安二郎氏所蔵）

このため古河城をはじめ家臣屋敷だけでは収容できず、寺院、商家、農家に宿場を割りたてて提供している。当時の筆頭老中水野越前守忠邦の本陣は、古河城内桜町の筆頭家老小杉長兵衛屋敷、堀田備中守正篤の本陣は同町の次席家老長尾新五郎屋敷が割り当てられている。これらのことから、日光社参に供奉する諸大名の中での地位と、古河城の家臣屋敷の格付けとは相関関係があることも確認されている。

古河城には日光社参所縁の建造物として将軍専用の御成門《おなりもん》（将軍が日光社参の際、古河城を宿城としていて、その際の将軍用の通用門）があり、将軍御成りの際は、この門から入城したのである。古河城内の建造物の基礎はみな土塁の上に建設されていたが、この御成門のみ石垣の上に築かれていたという。

しかし、将軍が古河城内のどの場所にお泊まりになったのか、その建物の構造――内部の襖絵にしても有名絵師が描いたものがあったと思われるが、将軍の身辺警護の意味から機密とされたようで、残念ながら現代には一切伝えられていない。

③ 土井氏入部前の歴代藩主

豊臣秀吉によって後北条氏が滅亡した天正十八年（一五九〇）、
徳川家康は関東の地に移り、これに伴い徳川麾下の大名が古河へ。
土井家が入部する寛永十年（一六三三）までに五家が頻繁に交替している。

小笠原秀政《おがさわらひでまさ》

天正十八年（一五九〇）七月、関八州の太守である小田原城の北条氏政・氏直父子が豊臣秀吉により滅ぼされると、八月、その旧領に徳川家康が入国している。

この時、古河城には小田原後北条氏の家臣芳賀伯耆守《はがほうきのかみ》正綱が入っており、事実上の北条氏の管理下にあったが、家康の入国とともに小笠原秀政が古河城主（三万石）となっている。この秀政の正室は、主君徳川家康の嫡男《ちゃくなん》岡崎三郎信康の娘で、家康にとっても実孫である。この点からも家康が、古河を重要視していたことがわかる。

この当時、古河城がどのような築城であったのか、その規模は不明ながら、筆者は本丸、二の丸、立崎《たつざき》曲輪をもっていたほどだと推測している。近世大名の城下町には、家臣たちが集められ、武家屋敷町、町人屋敷町、寺社町等が造られていたが、古河公方時代は家臣等の城下集中はまだなかったものと思われる。

秀政が入った当初、古河城はかなり荒廃していたらしい。小笠原家は一時元栗橋城（現五霞町元栗橋）に滞在して、古河城の修復、拡張を待って同城に入っている。秀政が開基した隆願寺が、古河市内と五霞町内に現在それぞれ独立して二院存在していることから、これが一時元栗橋城にいた名残といわれる。古河藩主の期間は十年五カ月である。

松平康長《まつだいらやすなが》

三河国二連木《にれんぎ》城主戸田忠重の子で、代々三河国渥美郡田原城を根拠とする有力豪族であったが、のちに徳川家康に臣従し、三河時代の天正九年（一五八一）の高天神《たかてんじん》城攻略戦で初陣《ういじん》を飾った康長は、のちに久松俊勝の娘を娶り、室が家康公の異父妹であることから、松平姓が特に許されている。家康が同族以外の者に松平姓を許した最初のことであったという。過去の戦歴としては小牧・長久手の戦い、小田原征伐、関ヶ原の合戦の際には美濃国大垣城を攻略、大坂の冬・夏の両陣に参戦するなど武勲派の人物であった。

古河藩には慶長七年（一六〇二）から同十七年（一六一二）まで二万石の藩主と

して在位。

　この時代に城内桜門の外に観音寺曲輪を拡張し大手門が整備されている。慶長九年に幕府の命で全国の主要街道に一里塚が構築されたが、現在古河市原町にある一里塚（県立古河二高の校庭内）もこの当時からの遺跡と伝えられる。

　古河藩主の期間は九年余である。

小笠原信之・政信

　元は、先の小笠原秀政の同族といわれる。

　信濃国松尾城主小笠原信嶺《のぶみね》で甲斐武田家に属していたが、天正十年（一五八二）、織田信長による武田攻めが始まると織田信長の傘下となり、同年六月、信長が本能寺の変で死去すると、以後徳川家康の臣下となる。

　天正十八年に徳川家康が関東に入部《にゅうぶ》した際、武蔵国児玉郡本庄に一万石（初代本庄藩主）を与えられ頭角を現した。しかし信嶺には嗣子《しし》★がなかったため、酒井忠次の三男信之《のぶゆき》が娘婿となり家督を相続している。

　信之は慶長十七年（一六一二）には一万石を加増され古河二万石藩主として移封《いほう》されている。その二年後の慶長十九年に、信之は古河藩主在任中に享年四十五歳で死去。

▼嗣子
跡取り。家を継ぐ子供。

その後は信之の嫡男政信《まさのぶ》が家督を相続し、古河城は元和三年（一六一七）、最初の日光社参の途上と帰途に二代将軍秀忠の宿城となっている。この時、側近の土井利勝も古河城内を宿としたに相違ない。元和五年、政信は下総関宿《せきやど》藩（現千葉県野田市関宿）へ移封となっている。

奥平忠昌

元和五年（一六一九）から元和八年まで、古河十一万石の藩主として在位。忠《ただ》昌《まさ》の父方の祖母亀姫（のちの加納御前）の父は、江戸幕府の開祖徳川家康である。父家昌が慶長十九年（一六一四）に三十八歳と若くして亡くなったため、忠昌は七歳と幼くして宇都宮十万石藩主を家督相続している。しかし宇都宮藩は特に要衝地であることから、藩主が幼君では大役を果たせないという理由で、元和五年に古河藩へ国替となっている。

この仕業《しわざ》を加納御前は黙認できなかった。この策謀を奥平家の後に宇都宮に入封した幕閣の本多上野介正純《こうずけのすけまさずみ》のものとみた。そして加納御前によって「宇都宮釣天井事件」が発覚。加納御前の実力を前にして、宇都宮藩主本多正純は改易となり、その後は再び孫の忠昌が宇都宮藩に入封している。

忠昌の古河への在封は三年足らずと短い。これまでの古河藩の石高はいずれも二〜三万石と小さかったことから、古河城の城郭は小規模でよかった。

だが、奥平家は十一万石と藩の規模が大きく、古河城の城郭も大規模に拡張する必要に迫られた。ことに家臣数も多かったこともあって、侍屋敷が拡張されて町屋敷が替地《かえち》に移されて城下町が大きく拡張整備されている。

永井直勝・尚政

永井家は元和八年（一六二二）から寛永十年（一六三三）まで、古河七万石の藩主として在位。現在古河市内には永井直勝《なおかつ》の開基による菩提寺〝永井寺《えいせいじ》〟があり、境内には直勝の墳墓と宝篋印《ほうきょういん》塔、また林羅山撰文による顕彰碑が伝えられている。

直勝の過去の戦歴としては、徳川家康家臣として天正十二年（一五八四）の小牧・長久手の合戦に出陣、秀吉方の将、池田恒興《つねおき》を討ち取り、味方を勝利に導くとともに、一躍勇名を轟かせた実績があった。

直勝はこの合戦で池田恒興の首級《しゅきゅう》を挙げる際、恒興に左手の人差し指を噛み切られたといわれ、現在古河城下の菩提寺〝永井寺〟には直勝の肖像画が伝えられているが、同画には左手の人差し指が欠損しており、これは地元古河でもよく知られているところである。

林羅山撰の顕彰碑

なお古河城の御成門は、直勝により構築されている。

またこの時代、将軍家が頻繁に日光社参をしていることもあって、日光街道の整備がすすみ、街道に松並木が植えられている。

直勝の嗣子尚政《なおまさ》は、古河在封時代の元和八年から寛永十年まで老中職にあり、山城淀藩十万石へ転封となった。

永井寺に伝わる直勝肖像

これも古河

「宇都宮釣天井事件」の背景

——土井利勝と本多正純との攻防

藩政時代、古河藩主土井家では自家の系譜編纂のため、平素から古河藩や土井家に関する資料の蒐集に努めており、この資料の一部が今日に伝えられている。この中に日光社参に際し、古河城を舞台として土井利勝が関与した事件が伝えられている。

元和八年（一六二二）四月は、初代将軍徳川家康の没後七回忌に当たるため、二代将軍秀忠はこれに相応しい参拝をと大変意欲的であった。二代将軍秀忠は、諸大名を率いて元和八年四月十二日江戸城を発ち同日は岩槻城に宿泊し、翌十三日宿泊地の古河城に到着した。そして同夜二代将軍秀忠が古河藩主奥平美作守忠昌から饗応を受けている最中、火急に、明日の宿泊予定地である宇都宮城の異変を言上した者がいたという。

本多上野介に逆心の疑いあり、上野介は密かに宇都宮城内で将軍の殺害の支度をすすめているというものであった。この報に古河城内に大変な緊張が走った。

いわゆる「宇都宮釣天井事件」であるが、実際に、宇都宮城内に釣り天井の仕掛けがあったかどうかは不明である。

しかし宇都宮城の将軍宿所の営造の様は奇巧を極め、深夜急いで建築作業を行い、また宿所内の構造をよく知る根来同心一〇〇名を一日のうちに殺害に及ぶなど、明らかに不審な点が多く見られた。

徳川幕府を開いた徳川家康は、関ヶ原合戦に大勝後の慶長八年（一六〇三）、江戸において征夷大将軍に任じられたが、同十年には早々と三男秀忠に将軍職を譲り、家康自身は形式的には駿府へ隠居したものの、実権は依然握ったままであった。この時、駿府の家康を補佐したのが本多佐渡守正信とその嫡男上野介正純であった。この父子は家康のもとで大いに辣腕を振るったのである。

そもそも駿府の本多正信と正純父子は家康の代弁者として、江戸城の将軍秀忠やその側近土井利勝らに対し逐一指図する立場にあったことから、もともと感情的な軋轢が存在していた。だが元和二年四月、駿府城で徳川家康が没し、さらに同年六月本多正信が没すると、本多正純は駿府城から江戸城に来て、二代将軍秀忠のもとで、土井利勝らとともに幕政に参画したのであった。しかし本多正純は、当初から二代将軍秀忠や側近土井利勝らと反りが合わず、全く浮いた状態であったという。

このような状況をみれば、本多正純が二代将軍秀忠や土井利勝らの日頃からの立ち居振る舞いを遺恨に思い、その報復として宇都宮城において何らかの謀《はかりごと》を企むことは現実にあり得る——二代将軍秀忠と側近土井利勝はこう判断していたのである。このため二代将軍秀忠に供奉していた老中土井利勝、安藤重信、酒井忠世は、古河城内にて、日光社参における今後の対応策について、外部にあくまで伏せて急ぎ密談している。

土井利勝は、同僚の本多正純はなかなかの智謀家ゆえ、このまま社参を強行した場合、彼の居城宇都宮城内においてどのような策謀がめぐらされているか計り知れず、二代将軍秀忠の身辺の安全を第一に考えて、将軍は急ぎ江戸城へ帰城することに決している。問題はどのような手立てを講じて、この難局に対処するかである。

だが利勝は今回の日光社参についても事前に万事そつなく、あらゆる事態を想定し準備していた。ここで利勝は今回の社参に供奉していた松平越中守定綱（遠州掛川城主三万石）を呼び出している。定綱の実父は松平隠岐守定勝で、この定勝は徳川家康の生母伝通院が久松俊勝との再婚後に生まれたことから、家康の異父弟にあたる。つまり二代将軍秀忠と定綱とは実の従兄弟同士の間柄（血縁者）なのである。このため両者ともに風貌が酷似しており、将軍の替え玉として好都合であった。利勝は万が一を想定し、替え玉要員として松平越中守定綱も供奉させていたのである。

藩政時代、幕臣の中でも将軍の御前に罷り出て、将軍の素顔を間近でマジマジと観察できる者はごく特定者に限られていた。こういったことから利勝は、松平定綱が二代将軍秀忠の替え玉となっても、この難局を切り抜けることが可能であろうと踏んだのである。

ここで急遽二代将軍秀忠から松平定綱に対し、今回の日光社参の御名代となる旨の命令が発せられた。そして松平定綱に成りすました将軍秀忠は、火急な御用のため今宵江戸城へ帰城となる旨を古河城内関係者に披露したのであった。

古河城御成門。日光社参の際、将軍の通用口として使われた。

そして二代将軍秀忠は、松平定綱の乗物に随伴の家来を随えて、元和八年四月十三日夜九ツ刻（深夜〇時頃）に古河城を発ち、翌朝五ツ刻（午前八時頃）に無事江戸城に到着している。古河～江戸間の一六里（六四キロ）を深夜八時間で走り抜けた、まさに言語を絶する強行軍であった。当然これに土井利勝も随伴している。

その後徳川家康の没後七回忌にあたる日光社参は、大過なく無事に成功したようである。しかしこの事件により二代将軍秀忠と側近土井利勝らと、本多正純との関係はもはや決定的なものに陥り、以後利勝は虎視眈々と正純を失脚させる機会をうかがっていた。

同年十月、出羽国山形五十七万石藩主最上義俊が改易となると、正純は幕府の上使として山形城の接収のために山形へ出向いている。その時利勝は再度、正純が江戸城にも、宇都宮城にもいないことを確認後、山形で彼の身柄を確保し改易が断行されている。正純は宇都宮城を召し上げられ、そのまま秋田藩主佐竹義宣に預けられ、横手にて不遇なうちにその生涯を閉じている。

④

藩祖利勝の出自と家臣団

土井利勝は、下総佐倉藩より古河に十六万石で入部してきた。
この時代が藩領としても最大で、御三階櫓を築城するなど、隆盛を極める。
利勝がこうした力をもったのは、彼の出生の秘密が影響しているのだろうか。

藩祖利勝のご落胤説と出世

土井利勝の地元である古河では、藩政時代頃から藩祖利勝は主君徳川家康の人物像のスケールを縮小したような人物ということで〝小《しょう》家康〟と親しみをこめて呼ぶ。これには果たして客観的根拠があるのだろうか？

この話題は大いに関心があるが、客観的事実を明示することはなかなか容易ではない。

利勝の養父は早乙女《さおとめ》小左衛門《こざえもん》利昌《としまさ》といい、徳川家の三河時代以来の家臣であるものの、代々仕えていた譜代ではなく、新興の家であったようだ。当時の利昌は、岡崎城下土井村を本拠とする知行五百石程度の一小身《しょうしん》に過ぎなかったのである。

なお父利昌は生前「早乙女」姓を称していたが、この姓を「土井」姓に変更し

土井利勝肖像
（正定寺蔵）

たのは、利勝時代からである。この由来については、利勝が三歳の時実父徳川家康が鷹狩《たかが》りのため岡崎城下土井村近辺までやってきて、ようやく親子の対面が叶っていて、この時、家康は利勝に対し、「今日から土井松次郎《まつじろう》と名乗るように」と命じたという。

土井利勝が父小左衛門利昌より家督相続した時期については、伝えられた系譜にも明記されておらず不詳である。

利勝の主君徳川家康が天下人豊臣秀吉の命により、甲斐・信濃・駿河・遠江《とおとうみ》・三河から小田原後北条氏のあとの関東（二百四十万二千石）に知行替《ちぎょうが》えとなるのは、天正十八年（一五九〇）八月のことである。実はこの時、利勝の父小左衛門利昌と母お甚《じん》の方は、主君徳川家康の関東入りには扈従《こしょう》せず、郷里である岡崎城下の土井村にそのままとどまり、共に生涯を終えている。

このことから土井利勝が父利昌より家督を相続したのは、天正十八年以前の三河時代であることは確実と思われる。

天正元年三月生まれの利勝は、十代半ばだった天正十五、六年頃元服し、土井家の家督を相続したものと考えられる。

徳川家康が天正十八年八月に関東に入国する際、利勝はすでに側近衆の一員として仕えていたようだ。

「東照宮御実紀《とうしょうぐうごじっき》」（附録巻六）によれば「三河大沼に住せる處士木村九郎左衛門

定元《さだもと》は、この度遷都《せんと》の御供し、その子三右衛門吉清《よしきよ》は妻子引きつれ、一番に江戸に馳参《はせまい》りければ、土井甚三郎《じんざぶろう》利勝この旨《むね》（徳川家康に）言上《ごんじょう》す。君（徳川家康）吉清が年比住みなれし地を離れ、速《すみやか》に馳参りしを賞せられ、御気色《けしき》斜めならず、旅装のまゝにてまみえたてまつる」となっている。

この史料が、土井家の藩祖土井利勝が徳川幕府関係史料に初めて登場する場面である。この当時土井利勝はまだ十八歳の青年であるが、すでに徳川家康への取次ぎ役の一人として活躍していたのである。

当時の徳川家康は全国の諸大名の筆頭で、その知行高《ちぎょうだか》も二百四十万石を超えている。家臣の総勢も七～八万を下らなかったと思われる。単なる一家臣であれば、直接家康の姿を見る機会もなければ、また直接会話をする機会など絶対にあり得ない。そうした中にあって、土井利勝は十代後半の頃から絶えず徳川家康の側近として、その主君家康の視界内にあったという事実がある。

家康が家臣総勢七～八万人を擁する中で、側近に奉仕できる者はごく少数に限られた環境にあって、名門でない小身出身の利勝が側近に奉仕できたことと、徳川家康ご落胤説とは明らかな関係があるものと筆者は考えている。

慶長五年（一六〇〇）九月、関ヶ原合戦の際には、家康の三男秀忠は西軍の本陣となっていた美濃大垣城を目指し、江戸城を進発している。利勝は総大将秀忠と共に信州上田城にて真田《さなだ》昌幸《まさゆき》・幸村《ゆきむら》らと戦っている。この時秀忠は上田城攻略に手間取ってしまい、関ヶ原合戦に参戦できず、父家康の不興を買った話は大変有名である。

主君徳川家康が慶長五年の関ヶ原合戦に大勝後の七年七月、当時御徒士頭《おかちがしら》千五百石であった利勝は、一挙に八千五百石の加増となり、下総小見川《おみがわ》にて一万石の大名に取り立てられている。

しかし当時の利勝には、自前の家来のみではまだ藩自体を組織できなかった。このため家康の配慮で、当時配下にあった御徒士「酒井茂左衛門《さかいもざえもん》、蒲田七左衛門《かまたしちざえもん》、潮田勘右衛門《うしおだかんえもん》、井出左治右衛門《いでさじえもん》、中村茂右衛門《なかむらもえもん》、酒巻新兵衛《さかまきしんべえ》、矢作喜兵衛《やはぎきへえ》、忍《おし》庄兵衛《しょうべえ》、水戸四郎左衛門《みとしろうざえもん》、蔭山忠三郎《かげやまちゅうざぶろう》」の一〇名を家臣にすることを特に許されている。この一〇家を土井家中では〝十人衆〟と称している。

大名になった時に利勝の両親はすでに他界していた。このため当時の利勝が最も頼りとしたのは、何といっても同胞《どうほう》の兄弟であったと思われる。

慶長八年三月、三河在住の義弟《ぎてい》三浦五左衛門正重《まさしげ》をわざわざ江戸の自邸に呼び寄せて住まわせている。当時利勝は既婚だったが、男子はなかった。もし利勝が一命を落とす事態に至り嗣子がなければ、幕府から賜った知行地は没収されることとなる。このため義弟三浦五左衛門正重の子〝正次〟を養子に迎えて、万が一の事態に備えたのである。

これは余談となるが、利勝が甥正次との養子縁組を解消するのは、元和九年

（一六二三）十二月の二男勝政《かつまさ》の誕生を見届けてからのこと（長男利隆《としたか》は元和五年に誕生）である。この甥正次は後年三浦志摩守《しまのかみ》と称し、下野壬生藩主二万五千石の大名となった人物である。

土井利勝の家臣団の組織と編成

土井利勝隊の勇姿は〝大坂の陣〟を屏風に描いた「大坂夏の陣図屏風」（国指定重要美術品／大阪城天守閣蔵）の中に描かれている。これが土井利勝隊の姿を描いたものでは唯一のものであろう。

今日分限帳《ぶんげんちょう》が伝存しているのは、

●寛永五年　佐倉藩主知行十四万二千石時代分限帳
●寛永十年　佐倉藩主知行十四万二千石時代分限帳（原典には「佐倉藩時代寛永十六年分限帳」とあるが、国替直前の寛永十年当時のものと考えられる）
●寛永十九年　古河藩主知行十六万石時代分限帳

といずれも大身時代のものである。

ところで今日伝えられているこの分限帳は、いったい何を伝えようとしているのであろうか。分限帳の記載から利勝時代の正規の武士とはあくまで騎馬武士であり、これはほぼ百石以上の知行取に特定されている。

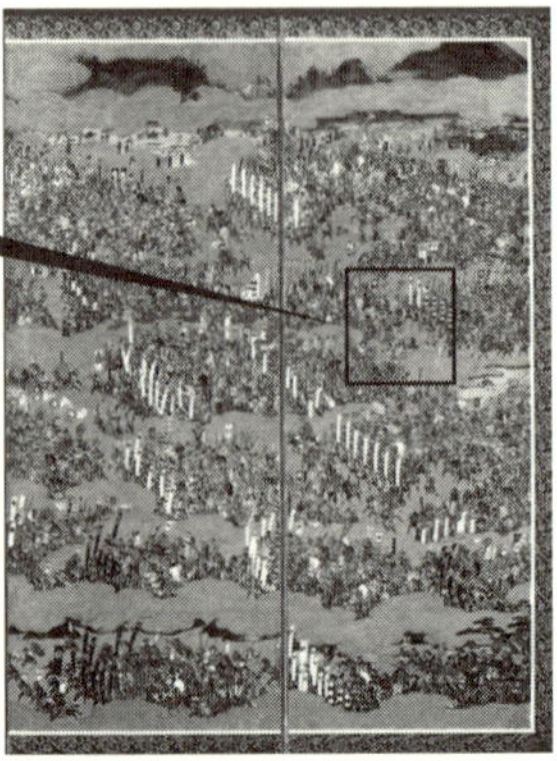

「大坂夏の陣図屏風」
右隻、部分。左の矢印が土井利勝
（大阪城天守閣蔵）

直参《じきさん》の騎士は分限帳にその名前が記載されている他、時代により若干変化はあるが、だいたい知行三百石以上の上級武士ともなると陪臣《ばいしん》の騎士が一騎付属となり、三百石を増すごとにさらに騎士が一騎ずつ増加していく制度になっていたようである。

つまり、〝利勝時代の正規軍＝直参の騎馬隊＋陪臣の騎馬隊〟であったことが判明している。その他の若党、中間、小者《こもの》、鉄砲、弓、長柄《ながえ》（槍）、各足軽……いわゆる雑兵《ぞうひょう》たちについては、あくまで戦闘補助要員であって正規戦闘員としては取り扱っていない。一般的には正規軍（騎士）の一〇倍ぐらいの雑兵がいたといわれている。

例えば文化十三年（一八一六）に転写された「土井家系図乾」（国立公文書館内閣文庫蔵）には〝大坂御陣之時御家士戦功大概《おおさかごじんのときおかしせんこうたいがい》〟というタイトルで、利勝に従軍した家臣たちの活躍が比較的詳細に記されている。しかしこの中には動員された雑兵（鉄砲、弓、長柄、他各足軽隊）たちの活躍は全く記されていない。

また大坂夏の陣の際、この合戦で首級《しゅきゅう》を挙げた家臣名と首級数を記録したのが「利勝公家士大坂首帳」である。利勝はこの「利勝公家士大坂首帳」をもとに家臣たちに対し論功行賞《ろんこうこうしょう》を行い、多くの家臣たちに対し知行を加増している。

しかしながら正規の戦闘員でない多くの雑兵たちに対しては、何の論功行賞も行われなかった。これは雑兵らに対しては、あくまで戦闘補助要員ということで対象外とされていたのであった。もちろん雑兵出身から正規の武士（騎士）に取り立てられたという記録も、一切残されていないのが実情のようである。

さてここで、土井利勝が下総佐倉藩主四万五千石時代だった元和元年（一六一五）をみてみよう。利勝の主要家臣は一〇〇名程度であり、この中で御城代《ごじょうだい》土井内蔵允元政《どいくらのじょうもとまさ》と筆頭家老寺田與左衛門時岡《てらだよざえもんときおか》のみが千石以上の高禄者であって、残りの九八名は三百石未満（百石、二百石クラスの家臣）であったようだ。つまりこれは大将クラスの二名を除いては、みな平士《へいし》であるといっても過言ではなく、家臣団の中に大きな階層が存在しなかったのである。この当時は軍編成を強く意図した藩編成をしていたことがわかっている。

しかし元和元年、大坂の豊臣秀頼滅亡後、いわゆる「元和偃武《げんなえんぶ》」といって戦争がなくなり泰平な社会となったため、利勝家臣もこの影響を受けて藩の職制についても軍編成から藩領国経営に重点を置くようになったものと考えられている。そして利勝も行政手腕のある大野仁兵衛、小杉長兵衛、早川弥五左衛門らを登用して領内経営に邁進《まいしん》したものと思われる。

この利勝家臣については当初ほぼ横一線で平士級であったが、多くの職制ができて家臣団階層の拡大が顕著になったのは、寛永二年（一六二五）九月に十四万二千石の大身となってからであると考えられている。

　また初代利勝時代と二代利隆時代の分限帳を比較すると、知行高の割合に対し家臣団数、家臣知行総高ともに、利勝時代は小さいことがわかる。これは利勝時代の家臣団は、利勝自らの意思で召し抱えて編成した規模だから求心力も強かったと予想される。さらに利勝は幕閣の中枢にあり、その実務を通じて培ったノウハウや、全国の諸大名に関するさまざまな情報に接する機会も多く、これにより自ずと家臣に対する要求度も高かったと思われる。このため一度家臣として採用されても、利勝の要求に付いていけず、土井家を去る者も多かったようである。具体的に分限帳の面々をみても家臣団の出入りが多く、流動的でもあった。

　ここで最も注目されるのは、利勝時代の寛永十九年の分限帳と二代利隆時代の正保分限帳との違いについてである。利勝時代は相対的にみて、公称高★（実収高は不詳）に対し家臣団数及び家臣団全体の総知行高の割合が、二代利隆と比較して明らかに低いということが認められる。当時の諸藩と比較した場合はどうなのかは、残念ながら筆者自身まだ詳しい調査はできていないが……。例えば千賀家《ちがけ》本《ぼん》寛永十九年分限帳と正保分限帳とを比較してみる。

　知行高は十六万石から十三万五千石へと二万五千石減となったにもかかわらず、家臣団の数は二六八人から逆に四四七人と、何と一七九名、率にして六六・七パーセントも増加しているのである。加えて陪臣の騎士が一〇四から〇《ゼロ》となっている点も注目したい。

▼公称高
表高《おもてだか》ともいう。大名・旗本が将軍より与えられた額面上の所領の石高を指す。⇕実高、実収高。

藩祖である土井利勝は、寛永二十一年（一六四四）七月に享年七十二で病没しているが、その際十六万石のうち十三万五千石は長男利隆が家督相続し、二男勝政が早世したことから三男利長と四男利房に各一万石ずつ、さらに五男利直《としなお》に五千石を分知《ぶんち》★している。もちろん分家創立の際には、分知した知行高に応じて当然家臣団も本家から分家へ割譲されることとなる。これらのことから通常であれば利隆の家臣団数は減となるのが当然のことであろう。しかし千賀家本では、逆に一七九名が増加しているのである。

この要因としては正保三年（一六四六）六月、客人で五千石を食《は》んだ鮭延越前《さけのべえちぜん》が病没し、その家来一三名が二代利隆に直参で召し抱えられたことや、利勝の外《がい》孫《そん》である堀直定《ほりなおさだ》（越後村上藩主十万石、寛永十五年七月、七歳で早世により改易）の旧臣であった堀主水《もんど》、堀修理《しゅり》、渡辺彦右衛門らが召し抱えられている。利隆の代に家臣の召し抱えが多数あったことはある程度確認されている。

また、前述したように当時の正規の家臣団（正規軍）とは、直参騎士＋陪臣騎士＝正規軍（騎馬隊）であることがすでに知られているところである。

このことから初代利勝時代の陪臣騎士一〇四騎は、次世代の利隆時代になると直参家臣団に編入されたものと考えられている。利隆時代以降に一時家臣団数が増加するものの、分限帳の中から騎馬隊の関連記事が姿を消すこととなる。

▼分知
土地などを分配して相続させること。

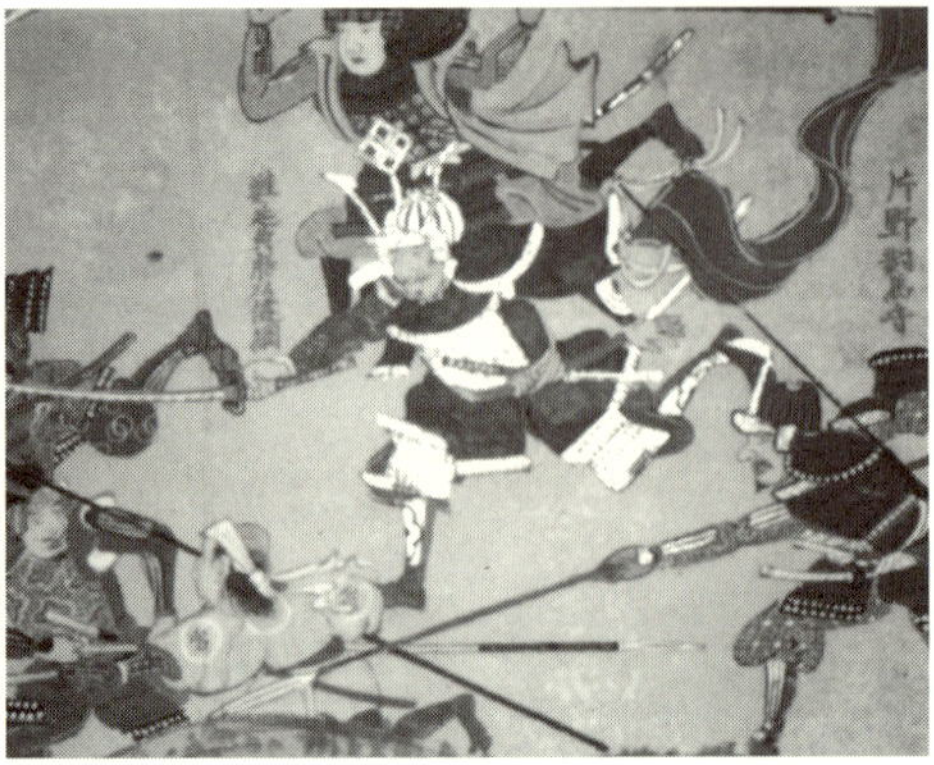
中央が鮭延越前（「山形長谷堂合戦絵図」より）

5 幕閣の実力者へ昇る利勝

出世街道を駆け上がっていった土井利勝の下へは仕官希望者が殺到。
幕閣として存分に政治手腕をふるって大名統制を進めていき、
ついには加賀百万石の命運さえもその手中に握ることとなる。

仕官先の一番人気は土井家

利勝が恐らくその生涯の中で、諸大名から最も脚光を浴びた瞬間は、何といっても慶長十年（一六〇五）四月、徳川秀忠に父家康より征夷大将軍職が譲位されると決定された時点である。

当時利勝は数え年三十三歳、まだ下総小見川一万石の藩主でしかなかった。そもそも土井利勝は主君家康の命によって、秀忠の生誕時点から付家臣《つきかしん》となって以来、秀忠とともに成長して今日に至っているという背景があった。

もちろん徳川家康が将軍職を三男秀忠に譲るといっても、実権は依然家康が掌握するのは周知の事実であった。しかし家康とていつまでも健在というわけではない。その家康が没すれば、名実ともに二代将軍秀忠が実権を持つ時代が来るであろうことは、誰の目にも明らかなことであった。

そうなれば、秀忠の生誕時点から付家臣である土井利勝が、将軍秀忠から重要視され幕閣の実力者として君臨するであろうことも、予見できたのである。

それ以前、関ヶ原合戦後のこと――ある若者が、仕官先をもとめて江戸へ赴いたところ、当時最も人気のあった大名家の一つが〝土井利勝の小見川藩〟であったという……。

この点については古河藩土井家の支藩にあたる越前大野藩土井家史料の中に、興味ある記事が残っている。この史料には主要な家臣の「親類書《しんるいがき》」（系譜《けいふ》書で「天保親類書」、「古河藩親類書」とも）が記されている。越前大野藩の重臣の一家に村井家がある。この村井家の初代は助兵衛安知という人物である。初代助兵衛安知が土井利勝に仕官する経緯は次のようである。

助兵衛安知は、はじめ近江国《おうみのくに》京極《きょうごく》（佐々木）家の陪臣で一族も同家に代々仕えていたという。主家京極高次《たかつぐ》は関ヶ原合戦で東軍徳川家康に属して西軍と戦ったため、戦後家康からその戦功によって、近江大津城主より若狭《わかさ》一国を賜り小浜《おばま》城主に栄進している。このため陪臣であるものの同家に仕えていた安知は、何らかの立身出世の道があるものと少なからず期待していたのである。

しかし京極家のような伝統のある名門大名ともなると、旧来からの家臣団の家格の序列が固定化されており、いくら当人が精進《しょうじん》努力《どりょく》をしたところで、上席の

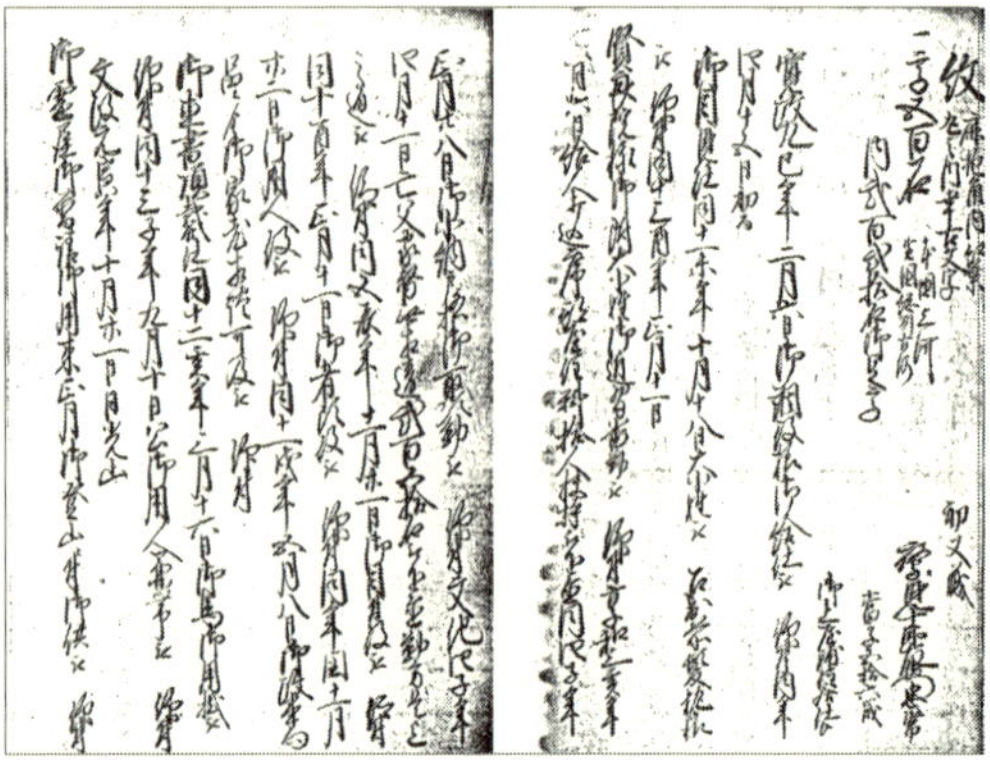
「親類書」

藩士らを出し抜いて大きく出世することは難しいと悟る。

そこで安知は慶長年間に京極家に見切りをつけて退藩《たいはん》し、関東のしかるべき名門大名家に仕官しようと江戸に出たのであった。すると江戸城下の諸大名の中で威勢抜群で仕官先として最も人気が高かったのが〝土井利勝〟であった。安知も何とか土井利勝のもとに奉公しようと土井邸に赴いたが……全く取り合ってもらえず門前払いをくったという。

当時は諸大名に仕官しようとすれば、通常では仕官先の大名家の有力家臣の推薦がなければ困難であった。いわば縁故採用が常識であったのである。悲しいかな……、安知は土井家家中の有力者の中に、縁故者や知人はいなかった。

しかし村井助兵衛安知はあきらめなかった。彼は朝夕土井利勝が江戸城登城・退出の際、お供《とも》支度《じたく》をして路上に下座《げざ》して待ち構えていたのである。

このような状況が長期間続き、この光景を利勝は乗物籠《のりものかご》から観察していたのであろう。そしてひたすらお供支度をして下座している安知の前に、ある日突然利勝の乗物籠が止まった。この時安知は自らの胸中を利勝に直訴したのである。

これは一歩間違えば無礼討《ぶれいうち》にされる、危険極まりない〝命がけの嘆願《たんがん》〟といってもよい。利勝も人の子である――この若者のあまりの情熱についに心を動かされ、知行百五十石を与え特に仕官を許している。村井助兵衛安知は利勝の家臣として大坂夏の陣にも供奉、敵方の首級を挙げる戦功を残している。そして利勝没後、四男利房の付家臣となり越前大野藩主土井家に仕えて、代々用人《だいだいようにん》、家老が輩出する重臣の一家として明治維新に至った。

「強き御政務」を断行した利勝

江戸幕府の開祖家康、続いて二代将軍秀忠世代《せだい》に活躍した人々の多くは、室町幕府第十五代将軍足利義昭《あしかがよしあき》の凋落《ちょうらく》の様《さま》や、織田信長が天下取りの中途で頓挫《とんざ》したこと、その後豊臣秀吉《とよとみひでよし》に引き継がれた天下統一の覇業がわずか一代で崩壊した様……これらの時代を生き抜き、歴史を目の当たりにしたいずれも〝生き証人たち〟であった。その中で土井利勝は初代将軍家康、二代秀忠、三代家光と三代の将軍の側近として仕えている。利勝の使命（宿命）とは、まさにこれら歴史上の先例を教訓に、徳川政権の基盤を磐石《ばんじゃく》にならしめることであった。そのためには私情を挟まず、あらゆる万難を排し、たとえ一身を犠牲にしても成し遂げなければならない――これは宿命といっても決して過言でない。

先の関ヶ原合戦で大敗した西軍側で、潰された大名家八八家のその没収高約四百十六万石と毛利《もうり》・上杉・佐竹・秋田四家からの没収高約二百十六万石を合わせると、総没収高は六百三十二万石余にも及び、実に全国総石高の約三五パーセントにもなる。

そしてその後、徳川幕府は「武家諸法度《ぶけしょはっと》」を制定し、全国の諸大名を厳しく統制した。幕府は譜代、外様の区別なく僅かな瑕瑾《かきん》でも、武力を背景に容赦《ようしゃ》なく大名を改易《かいえき》(取り潰し)にしたのである。いわゆる武断政治を断行したのである。江戸開府以来、初代家康、二代秀忠、三代家光の約半世紀の中で、幕府より何らかの咎《とが》をうけて廃絶となった大名家は六二家で、没収石高は六百万石を超えている。また大名家に後継ぎがなく廃絶になったのは五七家で四百万石を超えている。合わせた没収石高は何と一千万石を超えるのである。

このことは先の関ヶ原合戦で、徳川家に属して運よく大名家が存続できたとしても、その後の厳しい大名統制の中で、家を存続させること自体が、いかに困難であったか……、現代に伝えるものであろう。

近世初頭の厳しい大名統制の中で、全国の大名配置図は大きく塗り替えられてしまったのである。

加えてこの大名統制の嵐の中で取り潰された大名の中には、幕閣における大変な実力者であり、かつ多大な功績もあった大久保《おおくぼ》相模守忠隣《さがみのかみただちか》、本多上野介正純なども入っていたのである。こういった状況に諸大名の中には、利勝を称して「強き御政務《ごせいむ》なり」と発言する者もいたという。

この発言に対し利勝自身は、「愚かなことを申すことよ、今天下創業の御政務なれば、まず御譜代の者が厳しく戒め置かるべきところであり、天下の恐るゝ所《ゆえ》以《ん》（陰謀発覚）を犯せば譜代の者は、外様大名より重罪となるのはむしろ当然である。これにより幕府のご威光は一層増すであろう」と述べている。

この時代を近世史家辻達也氏も「大名家も、いわゆるお大名育ちではこの時期をのりきれなかった。戦国時代とは違った次元において、明確な形勢判断と、卓越した家臣の統率力、行政能力を必要とした。あるいは、戦国時代に生き残るより困難なところがあったかとも思われる」とその著書（『日本の歴史13江戸開府』中央公論社）の中で述べている。

土井利勝はこの江戸時代初頭の大名統制の厳しい時代に、幕閣の一員として為政者側に立ち徳川幕府創成期の基礎を確立した人物の一人であったのである。

加賀百万石の命運さえ利勝の手に

江戸幕府の始祖徳川家康は三河の小豪族で岡崎城主から身を興《おこ》し、天下分け目の関ヶ原合戦に勝利して、武家の棟梁《とうりょう》たる征夷大将軍に任ぜられている。その意味で名実ともに将軍職に相応《ふさわ》しい人物であったに相違ないであろう。だがその子秀忠時代ともなると、父家康同様に諸大名が将軍の威光に服従するかといえば、そうはいかないであろう。

二代将軍秀忠にとってその実力を天下に示す最も直截的《ちょくせつてき》な方法とは、諸大名を戦争に動員し、彼らが将軍の統制に従っていることを天下に示すことである。しかし大坂城の豊臣秀頼は滅ぼされた後であったため、秀忠は大名を改易すること と、城普請《しろぶしん》に諸大名を動員することであった。特に大名家の改易には、家臣の反乱に備えて周辺の諸大名が城受け取りのため動員されるが、このこと自体、二代将軍秀忠が統率していることの眼前の証拠となったのである。

徳川幕府の開祖である家康は自らの政権の長期安泰のため、徳川家にとって脅威となる諸大名を、改易（取り潰し）や減封《げんぽう》（所領削減）、国替等によって懐柔すべく日々策謀を思案していた。そういった中で知行高では百万石と筆頭の加賀前田家も当然危険視されていた。

前田家にとっても、先の太閤《たいこう》秀吉時代、内大臣《ないだいじん》徳川家康と大納言《だいなごん》前田利家はともに同格の実力者同士であった。前田利家は豊臣秀吉の信望も厚く、諸大名からも絶大の信任があり家康とも比肩《ひけん》できる大実力者であった。

実は徳川家康の覇権についても秀吉亡き後、利家より家康がたまたま長生きしたために過ぎない。つまり前田家にとっては、当家はすでに豊臣政権下において大大名であり、何も徳川家康に取り立てられて今日の地位があるわけでないという考えが支配していたのである。

権謀術数《けんぼうじゅっすう》にたけた家康は、前田家を監視し付け入る隙をうかがったのである。

しかし前田家三代藩主利常《としつね》は二代将軍秀忠の娘婿《むすめむこ》（正室珠姫《せいしつたまひめ》は秀忠の娘）であ

ったことから、前田家を窮地に追いやることには二代将軍が断固反対して決して家康の自由にさせなかったという。このため加賀百万石藩主前田利常の地位は、二代将軍秀忠が健在である時代には、特に問題視されることはなかった。

二代将軍秀忠は慶長十年（一六〇五）に父家康から征夷大将軍職を継承して二代将軍となり、元和九年（一六二三）に嫡男家光に将軍を譲っている。その後は大御所として三代将軍家光の後見人《こうけんにん》として依然権勢《けんせい》を持ち続けた。その秀忠も寛永八年（一六三一）のはじめ頃より体調不良を訴えていた。そして治療の甲斐なく病状のほうは、やがて重篤《じゅうとく》に陥り将来が危ぶまれる深刻な事態に移っていったのである。

その将軍家内の深刻な懸念をよそに、加賀前田家三代藩主前田利常は、

①最近新参《しんざん》の侍衆を多数召し抱えている

②先の大坂の陣の恩賞をなぜか最近になって行っている

③金沢城の堀や石垣などの修築を行っている

これら前田家の一連の行動が、事実として存在していたのである。

事態は元和五年広島城主福島正則《ふくしままさのり》の改易事件に酷似していたといわれる。

土井利勝は、これを大いなる謀叛としてとらえた。

そしてとうとう寛永八年（一六三一）十一月、加賀藩主前田利常に、幕府からの詰問状が突きつけられたのである。驚いた利常は丸腰のまま急遽《きゅうきょ》江戸に赴き、

三代将軍家光に直接弁明を請《こ》うが、この謁見《えっけん》については将軍家側で拒否。まさに前田家の改易（取り潰し）は必至の情勢であったのである。

この時藩主前田利常は重臣の一人横山康玄《よこやまやすはる》に、江戸城に赴き幕府より罪状として突きつけられた内容への弁明を命じている。この時為政者側の立場で藩主前田利常を追及した人物が土井利勝であった。

横山康玄は、疑惑についてはそれぞれ事実と認めながらも、それが謀叛を目的とするものではない、と土井利勝に対し懸命に弁明したのである。この時藩主前田利常は江戸屋敷に籠もり家臣横山康玄の報告をひたすら待った。

この時土井利勝は横山康玄の弁明を受け入れている。罪状としては豊臣恩顧の大名福島正則、加藤忠広よりも明白であり、改易必至とみられていた。処分されなかったのは、百万石の富を生かした賄賂《わいろ》工作との風評もささやかれたが確証はない。

加賀藩主前田利常については、二代将軍秀忠のお気に入りであったため、取り潰しについては秀忠自身が最終的にためらったためであろう。土井利勝は二代将軍秀忠が承諾さえすれば、加賀百万石の改易を断行したはずである。

ともあれ藩主前田利常は、以後三年間、江戸屋敷から全く動けなかった。そしてその間に大御所秀忠が没し、名実ともに三代将軍家光への権力移譲が行われている。

全国諸大名の筆頭加賀百万石を相手に、土井利勝が改易の一歩手前のギリギリの線まで追い詰めて、前田家を全くの金縛りにしてしまった……、当時の利勝の権勢に大変驚かされる。

家康ご落胤説を避ける土井家

藩政時代、徳川幕府自ら編纂《へんさん》したわが国最大の武家系譜集である『寛政重修《かんせいちょうしゅう》諸家譜《しょかふ》』によれば、利勝の実父は表向き土井小左衛門利昌であり、利勝はその嫡男となっている。ところが徳川幕府の正史である『徳川実紀』（「台徳院殿御実紀《だいとくいんどのごじっき》」）によると、「利勝実は水野下野守《しもつけのかみのぶもと》信元の子なり」と記されている。また同じく藩政時代に書かれた『藩翰譜《はんかんふ》』、『古今武家盛衰記《ここんぶけせいすいき》』、『土芥寇讎記《どかいこうしゅうき》』等にも同様に実は〝水野信元の庶子《しょし》〟であると紹介されている。

土井家により編纂された家譜は、いずれも藩祖利勝は徳川家康のご落胤《らくいん》であると記している。

利勝自身は生前この問題をどのように認識していたのであろうか。

「利勝の髭《ひげ》はさながら神君（家康）のものと似ており、非常に見紛《みまぎ》らわしいほどである」とある古参が利勝をからかったという。これを利勝は古参から咎められたと判断し、その翌日登城した際には、髭を剃り落としていたという。当時男はみな頰髭《ほおひげ》を立てていたが、三代将軍家光は髭を置いていなかった。事情を知らない諸侯は、利勝もこれを真似たものであろうと思っていたという。このように、利勝自身は家康のご落胤問題については、大変ナイーブな一面をみせている。

ところで藩政時代古河藩主土井家には「御預《おあずかり》御道具帳《おどうぐちょう》」という大名家の所蔵目録が存在していた。これは将軍家から拝領した品々を中心として判物《はんもつ》、朱印《しゅいん》状《じょう》、領知目録《りょうちもくろく》、系図、刀剣、鎧兜《よろいかぶと》、掛け軸、小道具類等といった、いわば特に由緒《ゆいしょ》ある物品の管理台帳である。

これら藩所有の特に由緒のある品々は、その由緒が逐一《ちくいち》記帳された上で長持《ながもち》に保管され、この鍵は藩の月番《つきばん》家老《かろう》により厳重管理がなされていた。

この「御預御道具帳」の中に

「一　御系図《おんけいず》
黒塗箱《くろぬりばこ》に入り、御家老中封印内、元文《げんぶん》五年十月林大学頭様へ差出候補任書付控え壱封これ有り」というものがある。

これを裏書《うらがき》するものとしては他に『他言無用伝聞記』（「文政《ぶんせい》八年古河藩士永尾朝風伝写本」）、さらに「土井家系図坤」（国立公文書館内閣文庫蔵）の奥書《おくがき》にもみられる。

この御家老の手により封印された上で、黒塗箱に入れられ厳重管理されていた〝御系図（補任書付控え）〟とは、いったいどのようなものであろうか。

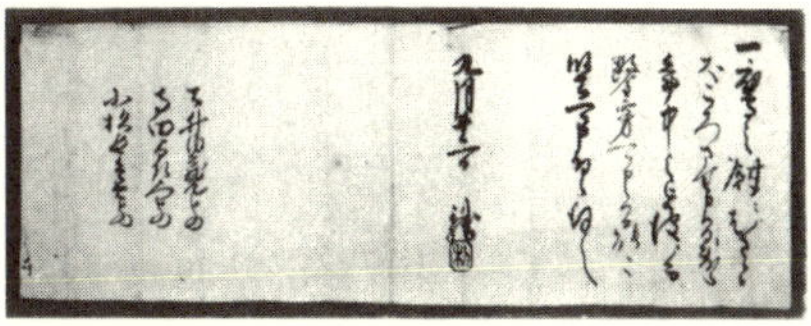

「土井利勝判物（古河の家老に送った鷹狩りについての書状）」（正定寺蔵、古河歴史博物館寄託）

「紺糸威五十六間筋兜」（右）、「猿毛槍鞘」（正定寺蔵、古河歴史博物館寄託、古河市指定文化財）

幕府の儒者林大学頭信充《だいがくのかみのぶみつ》は全国の大名諸侯について慶長年間から正徳年間までの叙任《じょにん》した官位別《かんいべつ》（大納言、中納言、参議《さんぎ》、中将《ちゅうじょう》、少将《しょうしょう》、侍従《じじゅう》、従四位下《じゅしいげ》）の武家補任（職員録）を正徳元年（一七一一）に編纂している。だが当初の編纂では責任者たる信充自身の意を満たさないところが多かったのであろう、のちの元文年間に至り再編纂を思い立っている。

そして今回は、前回の編纂時での問題点については直接当該《とうがい》の諸大名家に照会し、その徹底を図ったのである。はじめ信充は享保《きょうほう》年間、古河、そして鳥羽と転封していた肥前唐津《ひぜんからつ》藩主（土井家六代目）利実《としざね》に対し、藩祖利勝（利実の曾祖父）の生母〝葉佐田美作則勝女《はさだみまさかのりかつむすめ》〟の委細について文書で照会してきたのである。

しかし藩主利実は御公儀からの正式な照会に対し回答を留保せざるを得なかった。これは利勝の生母について記すこと自体、その出生に言及することが必至であったからに他ならない。そしてこの問題が決着する以前に、土井家六代藩主利実自身は元文元年（一七三六）に没している。

だが再編纂（「武家補任訂進本」）に意欲的であった儒者林大学頭信充は、次の七代藩主利延にも再度照会を申し入れてきたのである。御公儀からの再度の申し入れに対し、これを再び拒否することは御公儀を軽視することにもなり、決して許されるものではなかった。

現在、御公儀（儒者林大学頭信充）からの土井家への照会文については伝存していないが、国府田四郎左衛門★が林大学頭へ差し出した返書（回答書）が伝えられている（原文／50頁註1）。

これによれば土井家内では、藩祖利勝の実父は徳川家康であると、代々伝えられてきたのである。その一方で将軍家ではこれを公式に認知していなかった。

江戸幕府の開祖徳川家康は、藩政時代〝東照宮様〟、〝権現様〟と称され神格化された存在であった。このため六代藩主利実時代には「藩祖利勝の実父は徳川家康」であると御公儀（将軍家）に公式に回答した場合、将軍家に咎められはしないか、また心証を悪くしないか、極度に警戒のあまり、結局のところ回答を拒んでいる。そしてこの問題で土井家がこの回答書を御公儀に提出したのは、次の七代藩主利延時代になってからのことである。

土井利勝誕生の様子は、家康の二男とされている結城《ゆうき》（松平）秀康《ひでやす》、のちの越前福井藩主とも非常によく似ていることが指摘される。

秀康は利勝誕生の翌年の天正二年（一五七四）二月遠江国浜松城外、浜名湖畔宇布見村《うぶみ》（現静岡県雄踏町《ゆうとうちょう》）郷士《ごうし》中村源左衛門《げんざえもん》の家で生まれている。母は家康の正室《せいしつ》築山殿《つきやまどの》の侍女《じじょ》であり〝於万の方〟（永見志摩守吉英の娘）と称されていたという。一方利勝の生母は〝於甚の方〟（葉佐田美作則勝の娘）と称され、同じ浜松城で女中奉公していた者であり、当然互いに面識もあったはずであろう。

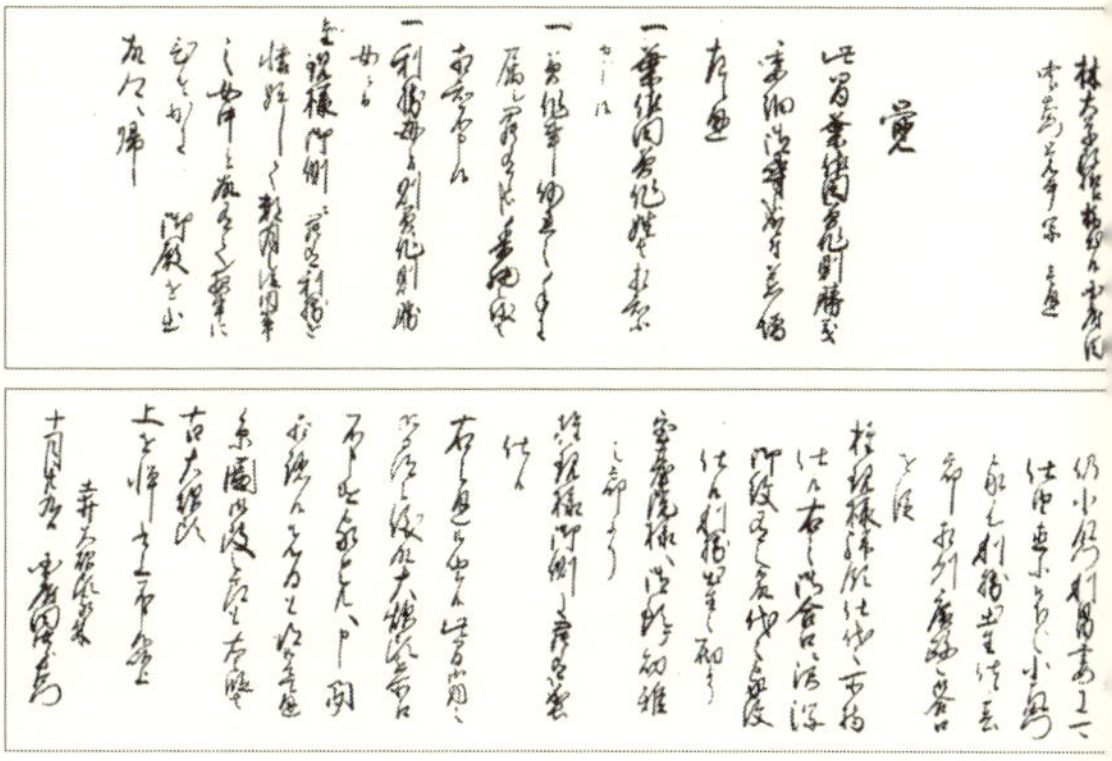

国府田四郎左衛門が林大学頭に宛てた返書

▼国府田四郎左衛門
六代藩主土井利実の重臣。当時二百十石取の御用人役在職中であった。のちに孫太夫を名乗り、延享《えんきょう》元年（一七四四）に五十石加増され御家老職となり、寛延《かんえん》二年（一七四九）さらに五十石加増、都合三百十石取となり、宝暦《ほうれき》八年（一七五八）に隠居し捨山と称する。生没年不詳。

於万の方が家康の子を身籠もったことが知れるや、正室や侍女仲間による嫉妬から城内での身の安全も確保できなかったのだという。

このことは『以貴小傳』によれば、浜松城内で於万の方が城主家康の子を身籠もったことを正室築山殿が知るや激怒し、於万の方を全裸にした上で縄にて縛りつけ、城内の木深き所へ捨てられたのだという。折しも同城にて宿直《とのい》をしていた本多作左衛門重次が、女性の泣き声を聞きつけ、身柄を介抱して密かに主君家康に伝えている。於万の方は城内では出産できずに、密かに在郷宅で出産している。

それではなぜ出生事情がほぼ同じであるのに、本来兄となるべき利勝が家康の認知を受けられず、弟である秀康は認知されたのであろうか。

これについては、秀康が幼年時代に本多作左衛門重次に預けられて養育されたことが大きな要因であると考えられている。この重次は周囲から〝鬼作左〟と称され、主君家康に対しても押しが強いことでは家中随一《かちゅうずいいち》であった。

これに対し利勝を預かった早乙女小左衛門利昌は謹厳実直、誠実な忠臣であったようで、まさに重次とある面では対照的な、〝控え目〟の性格であったらしい。例えば利昌は主君家康からの願い出により利勝を預かった経緯をみれば、当然この関係を逆手《さかて》にとり、自らの栄達を要求することも可能であったはず……。しかるに利昌は大変謙虚で控え目な性格であったようで、主君に対し自らの栄達や利勝の認知要求もしなかった。

■註1

林大学頭様へ差出《さしだし》候《そうろう》国府田《こうだ》四郎左衛《しろうざえ》門《もん》覚書写壱通《おぼえがきうつしいっつう》

この間葉佐田美作則勝儀《ぎ》、委細《いさい》御尋《おたずね》成候《なりそうろう》につき、あらまし左の通り

一　葉佐田美作姓《せい》は相《あい》知り申さず候。

一　美作事何《のこといず》れの手に属し罷《まか》り在《あ》り候や、委細の儀は相知り申さず候。

一　利勝母すなわち美作則勝女にて、権現様（徳川家康）御側《おそば》に罷り在り利勝を懐妊して数月の後、同輩《どうはい》の女中と故《ゆえ》有って夜半《やはん》にひそかに、御城（遠《えん》州《しゅう》浜松城）を出て故郷（三河岡崎城下の土居村）に帰候《かえりそうろう》。

権現様小左衛門利昌に仰せ付けられ、追い掛けすなわち連れ来り候。

よって小左衛門利昌妻に仕るべく由、直ちに之を下され、小左衛門家にて利勝出生仕り候。その節相州広正の御合口を権現様より拝領仕り代々所持仕り候。

（中略）

右の通り御座候。この間御内の御尋の儀、故大炊頭（六代藩主土井利実）在所へ申し遣わさず、家老共へ申し聞き相認

早乙女小左衛門利昌が主君家康の命により、お手付き女中（於甚の方、のちの玉等院）を妻に迎えた時、利昌は既婚であり、かつ嫡男次郎右衛門昌勝も存在していた。この昌勝の生誕年は明らかではないが、利勝より十数歳年長者であったことは確かなところである。このことから恐らく生まれは永禄初年の頃であろう（『新修渋谷区史中巻』によれば、昌勝は利勝の弟とされているが、兄であることは疑いないところである）。

だが、天正元年三月、於甚の方が土井村で出産した子が男子（利勝）であったため、利昌は本来家督を継ぐはずであった実子〝次郎右衛門昌勝〟を廃嫡し、その弟にあたる養子〝利勝〟にあえて家督相続させている。

もし利勝が「水野下野守信元の子なり」であったとすれば、利昌が実子昌勝を廃嫡してまで、養子たる利勝に決して家督相続させるはずはないと考えられる。

利昌は利勝の実父が主君家康であればこそ、養子たる利勝に家督相続させたものであろう。利昌自身が主君筋以外の水野下野守信元に、特に義理立てする道理も考えられない。利昌はあくまでも主君筋である家康にのみ忠実であり、律義《りちぎ》者《もの》を通したのである。

天正七年（一五七九）四月、家康の三男秀忠が浜松城で誕生した時、小左衛門利昌の嫡男次郎右衛門昌勝（利勝兄）は既婚であり、この正室（柴山氏の娘）が秀忠の乳母として徳川家へ奉公し「初台局《はつだいのつぼね》」と称されている。このことと利勝

め候。先日も御意を得候通り系図御改の節（「武家補任訂進本」）も右の段は故大炊頭（六代藩主土井利実）、上（将軍家）を憚り書上げ仕らず候以上。

土井大炊頭（七代藩主土井利延《としのぶ》）家来

（元文五（一七四〇）年）十月廿九日

国府田四郎左衛門

が後年家康の三男秀忠付きの家臣となった経緯については、決して無関係ではない。

この初台局は家康の関東入りにも従い、天正十九年江戸城下（武蔵国豊島郡）の代々木村に知行二百石を与えられている。後年家康の三男秀忠が二代将軍となったことから、大変注目されることとなった。この代々木村の知行地一帯を地元住民が敬意を表して「初台」と称したことから、現在も渋谷区にその地名として残っている。さらに初台局は浄土真宗柴山正春寺（菩提寺《ぼだいじ》）も創建しており、この寺は現在でも渋谷区代々木に現存している。また子孫も土井姓を称して旗本として徳川家に明治期まで仕えている。

土井家の至宝のいわれ

家康の認知問題についてさらに話をすすめてみよう。家康は二男秀康に対しわが子の証として、来国光作《らいくにみつさく》の小脇指（六寸九歩）を与えたという（「松平津山家譜」）。これと同様に家康は利勝にも、わが子の証として、その生誕時に〃相州広正の御合口〃を与えている。この小脇指（御合口）には水野家の家紋でもある沢《おも》瀉《だか》紋があったという（これは水野家出身である家康生母、伝通院に由来するものであろうか）。

東京都渋谷区・正春寺にある
初台局の義父土井利昌の墓碑

土井城絵図

（現岡崎市土井町字城屋敷）

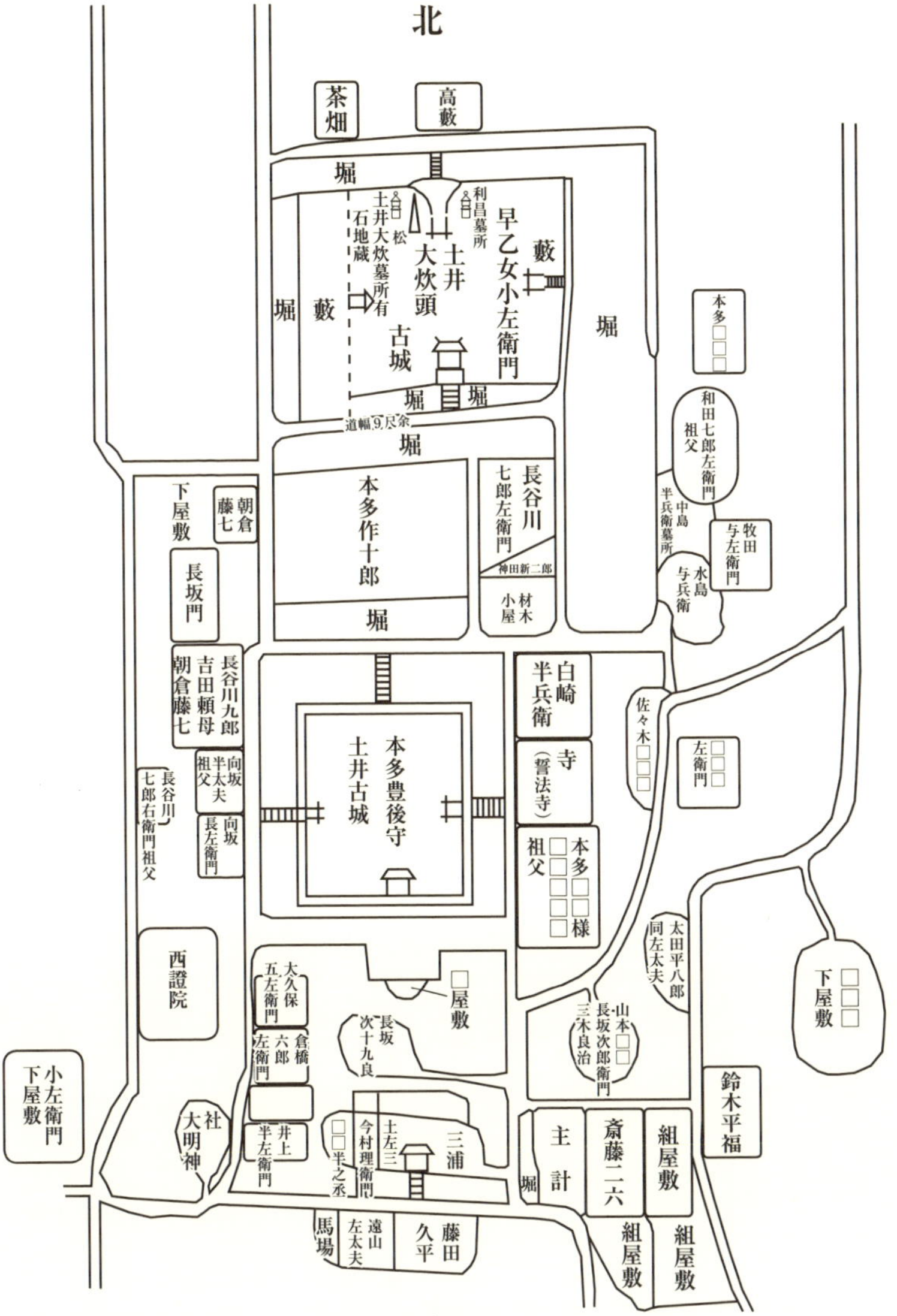

（岡崎市土井町の太田家に伝わるものを参照／太田進氏蔵）

この小脇指については前述した〝御預御道具帳〟にも記帳されている（原文／註2）。

この徳川家康から拝領した小脇指について『他言無用伝聞記』（「文政八年古河藩士永尾朝風伝写本」）によれば、家康自身がその由緒を記した御朱印状が添付された上で、藩の長持に厳重保管されていたという。そして土井家では代々これを以《も》って徳川家康の実子の証としていた。実は藩政時代を通じて土井家の至宝とは藩祖利勝が生誕の際、徳川家康から拝領したというこの小脇指であったのである。

土井家は藩祖利勝以来、将軍家に対して何か事あれば、この徳川家康から拝領の小脇指と、家康自身がこの由緒を記した朱印状を、いつでも将軍家に差し出す心意気でいたのである。

藩祖利勝の出自についてはさらに土井家自身が、文化元年（一八〇四）七月、利勝生誕地である三河岡崎領土井村へ直接文書にて公式に照会している。

現在土井家から土井村への照会文の内容については、具体的には伝えられていないが、土井村役人からの公式回答書（原文／註3）が伝写されている。

なぜ土井村へ直接照会するに至ったのか、この経緯については正確にはわかっていない。

ところで、回答書をくれた文化元年の土井村の名主太田藤兵衛、太田平左衛門は、土井家に対し非常に好意的で協力を惜しまなかった。彼らは先祖代々から伝

■註2

御誕生（土井利勝）之節御拝領（徳川家康）

　相州広正御由緒之御道具故此内江入

一　御懐剱　銘相州住広正文安六（一四四九）年二月日

　　御拵

柄頭赤銅梅鉢彫斜子

柄鮫金打出

目貫赤銅韋駄天

目釘金星

鎺二重金上　澤瀉透

鞘稲妻蒔絵追金赤銅橘小尻銀

■註3

三州土井村（現愛知県岡崎市土井町）差出候写土井大炊頭殿御由緒書付

一　早乙女小左衛門殿

家康公岡崎（浜松の誤り）御在城の節、小左衛門殿御奉公気に入れられ、家康公御手に掛かり候女中を小左衛門殿妻に下し置かれ候処、懐妊にて程なく誕生有り、男子にて家康公へ申し上げ候えば、御悦び遊ばされ随分寵愛すべく仰せ在られ候。その後御年七歳より天白浄妙寺（現岡崎市中之郷町所在）にて御手習い遊ばされ候、慶長年中に召し出され大名に取り立てあって、土井大炊頭利勝公と成りなさ

えられた伝承や村に伝存した古記録、旧住居跡の現状、また今回は紙数の関係で省略させていただいたが、土井家の始祖早乙女小左衛門利昌及びその室の法名《ほうみょう》、没年月日、墓所の所在地等にも詳しく言及している。

土井村の名主らは、さらに土井村の隣接地である中之郷浄妙寺（浄土真宗大谷派、三河時代の土井家菩提寺）にも書状を遣わして照会し、この回答書も土井村の回答書に添付して回答したのであった。

元文五年（一七四〇）土井家が御公儀に提出した返書と、利勝の出身地である土井村の名主が文化元年に土井家に提出した回答書とは当然のことながら、よく符合している。

利勝の実父は徳川家康であるとしている他、利勝の生母は家康の居城にて奉公していた一介の〝女中〟であるとしている。また「土井家系図乾」によれば利勝の生誕地は、遠江国浜松城内であると記されているが、土井村名主からの回答書によれば、岡崎城下土井村早乙女小左衛門利昌邸となっている。

また「土井家系図乾」などでは、利勝の父利昌は生前に〝土居〟姓を称しており、利勝の時代に〝土井〟姓に改称したとされていたという。これについて、利昌は生前はもちろん没するまで一貫して〝早乙女〟姓を称していたことも今日判明しているところである。

実は利勝に〝土井松次郎〟と称するように命じた人物こそが、まさに実父でも

れ、その節御家内江戸表へ御引越なされ候以上。

伝達

一　利勝公御年三歳之時に、家康様土井村近辺に御鷹野に御出で遊ばされ候節、御母公御連れ成られ候して、御目に掛かられ候えば、御悦遊ばされ「大意成事」と仰せられ、御名を「土井松次郎殿」と御附け遊ばされ候。その節御母より御出世之儀、御願い申し上げ候えば、時節を待つべしと仰せ付けられ候。

一　小左衛門殿土井村に成り御座候節は、徳有って屋敷構等能く御座候。西東二拾間余、北南二十四、五間余。唯今は北通りは田所に相成り候。屋敷南外通り巾七尺余、西東二拾間余堀有り、この堀先年より相之堀と申し候。小左衛門殿家鴨飼いなされ候と申し伝わり御座候。

一　早乙女名字之者九拾年以前迄御座候えども、断絶の処当時御座無く候。

（中略）

右の書付差し上げ奉り候（以下略）

文化元（一八〇四）年子七月四日

三州岡崎領

下土井村

太田　藤兵衛

太田　平左衛門

あり主君でもあった徳川家康、その人であったのである。

実にさまざまな情報が抽象的でなく、かなり具体的であることから、客観的にみても信頼性が高いものであろうと、当然予想はできよう。

だが御公儀への返書と名主からの回答書について、果たして史実かどうか……最終的には土井利勝生誕地である愛知県岡崎市土井町を直接実踏調査して、関係史料を直接確認するのが最良の手段であると思われる。

実際に筆者が岡崎市土井町を訪れてみると、同町には社口司社という神社があり、その中に「土井一族発蹟地」と大きく彫られた石碑が存していた。そして町内を調査のため歩いたところ、同町にて農業を営んでいる旧家太田家は、近世初頭の「土井城絵図」、中世からの「太田家系譜」などの史料を今日に伝えていた。当主太田進氏からの証言や史料などから、土井利勝生誕地（早乙女小左衛門利昌屋敷跡）をはじめ近世初頭の土井城の地理関係が、極めて正確に把握できたのである。まさに土井村からの回答書の内容が正確であることが、実踏調査によりあらためて確認されたのである。

土井町に隣接した中之郷町には、名刹《めいさつ》浄妙寺が所在し、同寺は中世以降の寺院過去帳をそのまま現在に伝えている（利勝の両親の記録も、まさにこの過去帳から確認できた）。

また土井家の菩提寺という関係もあり、境内には利勝の母（智照院、のちに改

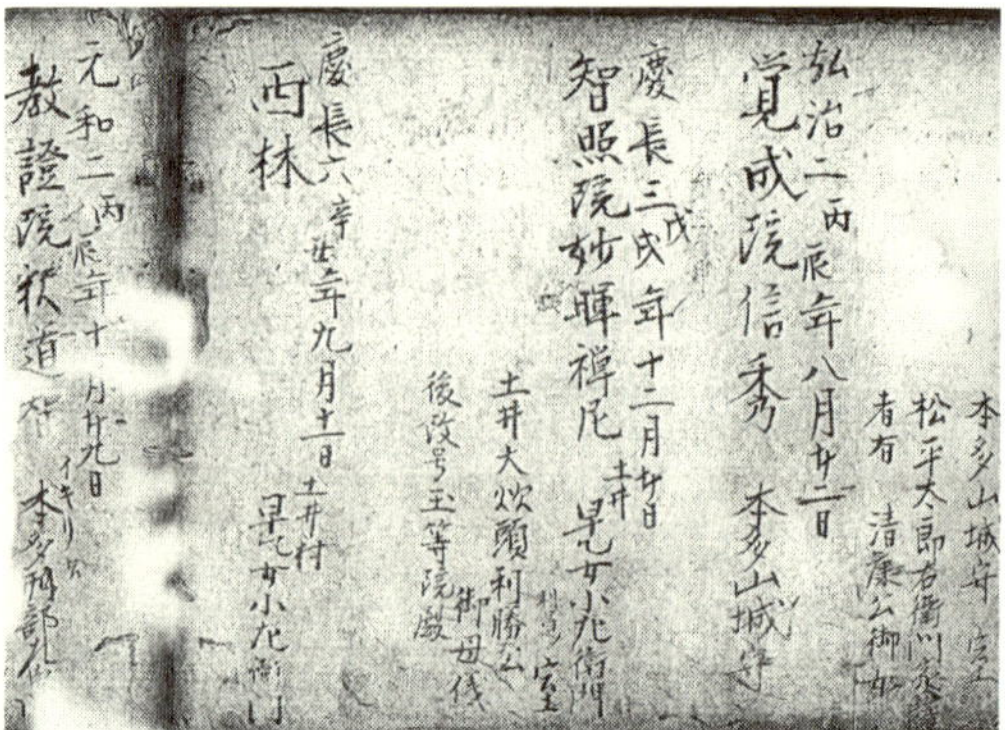

岡崎市浄妙寺にある寺院過去帳。利勝の生母の法名がみえる。

号玉等院）の墓碑が、当初の埋葬時点での形状で、今日そのまま現存している（亡骸《なきがら》は寛永七年《一六三〇》佐倉城下の菩提寺松林寺に改葬）。

さらに同寺は、藩政時代同寺から古河藩主土井家宛に遣わした書状（原文／註4）を大切に伝えていた。

この書状の年代については、利勝の父宝光院様（小左衛門利昌）の御遠忌《ごえんき》の法要云々《うんぬん》……とあり、利昌は慶長三年（一五九八）八月土井村にて没していることから、二百五十回忌にあたる弘化四年（一八四七）に浄妙寺が古河藩主土井家に対し、法事料を願い出た書状の下書きと思われる。なお当時同寺には、利勝の出自や幼少時代の出来事等を記した旧記が伝存していると記している。

さらに浄妙寺現住職天白義曄《てんぱくぎか》氏からも直接筆者に対し「利勝の徳川家康ご落胤説については、同寺に代々伝承されている」ということをうかがった。

こうした土井利勝出自に関する史料の内容は決して抽象的でなく、かなり具体的であり、よく符合している。このことは史料の客観性を追究する場合、大変重要なことである。

ここでテーマとしている「利勝の徳川家康ご落胤説」については、客観的資料に裏書された信頼性が高いものであると結論付けることができるであろう。

今回の調査研究の過程で明らかになってきたのは、実はこればかりではない。

先に紹介したが「利勝は水野下野守信元の子なり」という説について、これを裏

■註4

願い上げ奉り口上の覚え（岡崎市浄妙寺文書）

一　拙寺儀は御先祖様御菩提所に御座候。宝光院御位牌願い奉り候。御廟所も拙寺境内に御座候。右宝光院様と申し奉り候は、土井村早乙女小左衛門殿御事に御座候。

一　大炊頭利勝様、御母君玉等院様御位牌これ又願い奉り候。御廟所も拙寺境内に御座候。（中略）右玉等院様と申し奉り候は、神君様（徳川家康）御由緒御方にて早乙女小左衛門殿御内室に御座候。（中略）

一　大炊頭利勝様御儀は恐れながら、神君（徳川家康）様御由緒に土井村早乙女小左衛門殿御方にて御誕生遊びなされ、御幼年の間は、御許村殊に御菩提寺の御事ゆえ、拙寺にて御学問御手習い等遊びなされ候趣、旧記に御座候。（中略）宝光院様御遠忌相近き寄り候間、御法事相勤め度存じ奉り候。前顕御由緒の次第に御座候えば、何卒右御法事料御下し置きなさられ候様、偏に願い上げ奉り候。右の段宜しく仰せ上げられ下さるべく候様、願い奉り候以上。

浅草本願寺末

三州碧海郡中之郷

年号　月　日　浄妙寺代

何　寺印

書する史料が皆無であったという事実である。この説の発端については、何に基づいているのか、筆者は知らない。ただしこの説は藩政時代から今日に至るまで、その客観性を追究した先行研究が皆無であることは間違いないところである。

土井氏家系図

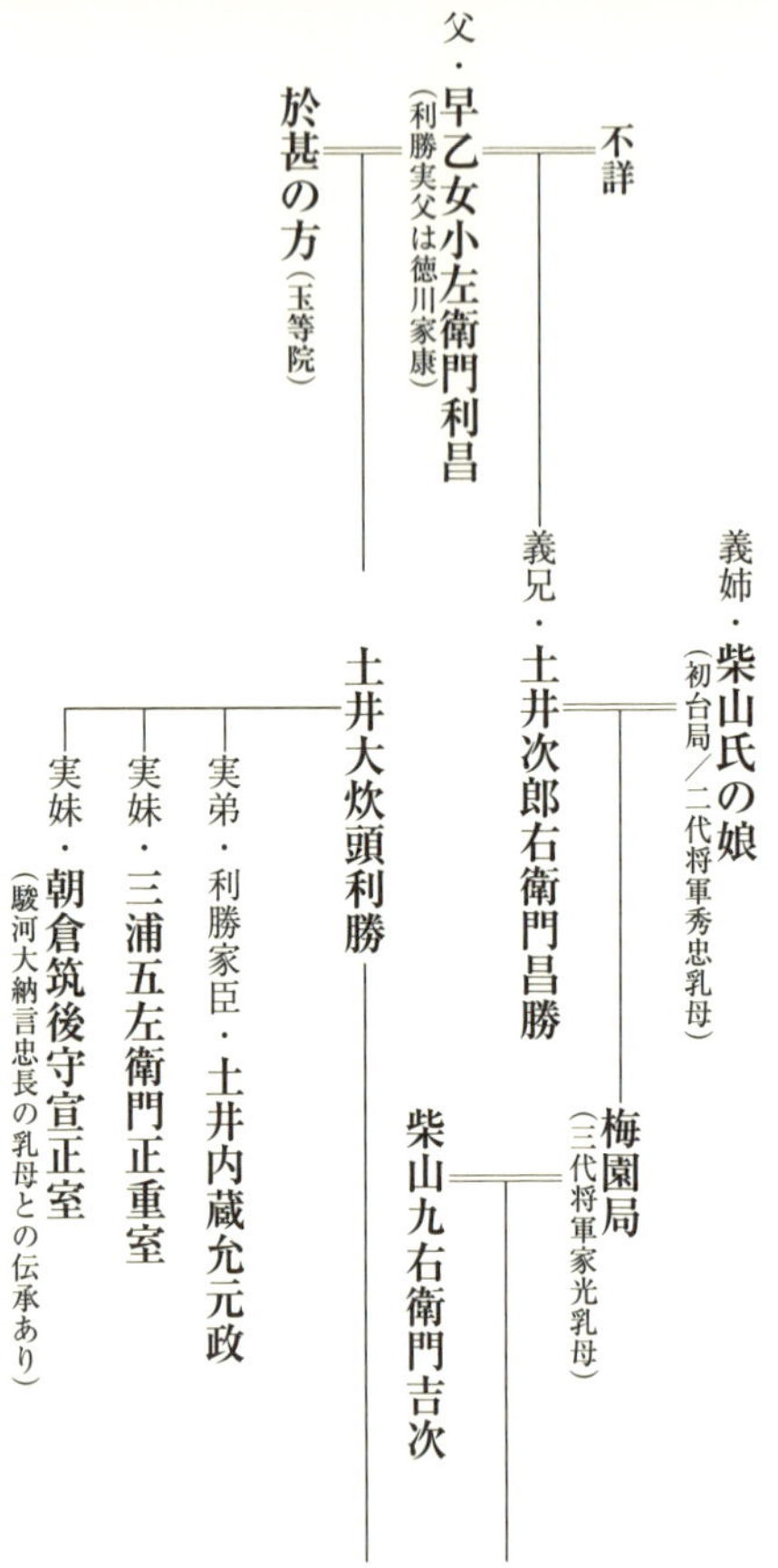

古河藩余話

古河人気質の源は〝唐糸三百石〟

古河人の気質の底流には、質素倹約の精神がある。

この質素倹約の精神は、江戸幕府臣下では最高位の大老、禄高でも十六万石という大名にまでなった、古河藩主土井家の藩祖土井利勝に由来している。

ある時、利勝は、居間に一尺足らずの唐《から》糸《いと》が落ちているのを拾い上げ、「誰かこれへ！」と呼ばわった。側近の大野仁兵衛が罷り出ると、「この糸くずを其の方に預けおくゆえ、大事にするように」と命じた。

これを見た若い家臣の多くが、「あの糸くずが何の用に立つことやら。何ゆえ、あのように大切になどと仰るのか。およそ大名たる殿様には似合わざること」と陰で笑ったという。その後も主君利勝は幕閣の要職にあって多忙を極め、この糸くず話は、忘れ去られた。

それから三、四年が過ぎたある日、利勝は側近の仁兵衛を呼び出し、驚いたことに、「以前其の方に預けおいた糸くずはどうなっているか」と突然、尋ねたという。

仁兵衛は「ここに大切に仕舞っております」と巾着より取り出し、利勝はその糸くずで、脇差の下緒の先が解けているのをくくったのである。

そして家老寺田與左衛門を呼び、「家臣の中には、余をしわき者（けち）と評し、揶揄する輩がいるのは知っている。仁兵衛は余の心もちをよく解し、余の言を大切に守った。奇特千万である」と述べ、三百石を加増させた。続けて利勝は、「唐糸というのは唐土《もろこし》で作られ、幾人もの手を経て余の元に来たのである。そうした者たちの苦労を思えば粗末にできぬ。領民たちを思うことも同じでなければならぬ」と諭し、倹約精神を周知徹底するようにあらためて命じた。

この、利勝以来の質素倹約の精神は、古河の地に脈々と受け継がれ、今日に至っても残っていると感じている。

他家仕官禁止の処分〝武家奉公構〟

古河藩において、他家に奉公できなくなる〝武家奉公構〟は、実際に行われていた。

『玉輿記三』、『柳営婦女伝叢』という史料によると、五代藩主土井利益時代、その家臣松下左兵衛義行（知行六百石）が、藩を立ち退いたところ、藩主利益は立腹してこれを許さず、〝武家奉公構〟の処分を行っている（両者にどのような経緯があったのか不詳）。このため松下は浪人になっても他家への仕官が許されなかった。

このことは、利益が悪態をついた家臣に対し、容赦なく〝武家奉公構〟の処分をするというのは、単なる牽制でなかったことを物語っている。

そこで義行は、宗教界の実力者・上野東叡山寛永寺貫主に頼み、土井利益に対し〝武家奉公構〟の処分の赦免を乞い、ようやく許されている。義行はその後、加賀藩主前田綱紀や本庄因幡守宗資などの扶助を受けながら、元禄十六年二月に五十五歳で病死している。

　この松下左兵衛義行は、徳川将軍家縁《ゆかり》の人物である。父松下左門義賢を初代として土井利勝時代から家臣として仕えている。この初代義賢は徳川家康の六男松平忠輝（一五九二～一六八三）の実甥《じっせい》になった人物ながら、連れ子だったために直接徳川家の血は入っていない。

　初代松下左門義賢は松平忠輝（越後少将上総介、高田藩主七十五万石）の知行一万石取の重臣であり、彼は主君の実甥にあたることから、松平姓を名乗ることを許されている。

　しかし元和二年（一六一六）七月主君忠輝が、兄である二代将軍秀忠から改易を命じられ、伊勢国朝熊に流罪とされたことから、彼もその責めを受け身柄を老中土井利勝に預けられた。後年ご赦免となった際、松平から松下に改称し、利勝に召し抱えられ、知行千石を賜ったのであった。

鳥羽への転封の背景

古河藩主土井家が天和元年（一六八一）に、志摩国鳥羽に転封させられた背景には、幕府内部における幕閣の確執があった。

　徳川将軍家は初代家康、二代秀忠、三代家光、四代家綱と、ここまでは順調に続いたが、四代家綱は延宝八年（一六八〇）五月に四十歳で病没している。この将軍には嗣子がなかったため、幕閣はにわかに後継者を決定せねばならなくなった。

　当時の幕閣は、大老酒井雅楽頭忠清をはじめ、老中は大久保加賀守忠朝、土井能登守利房、堀田備中守正俊、板倉石見守重種、稲葉美濃守正則の面々であった。

　五代将軍について、大老酒井は、武家出身でなく公家の有《あり》栖《す》川宮幸仁親王《がわのみやゆきひとしんのう》の擁立を建議し、他の老中もこれに同調する動きであったという。

　しかしこれに堀田備中守正俊は難色を示し、次期将軍は先の四代家綱の弟で、館林城主である綱吉を迎えるべきであると提案し、結局この案が採用されたのであった。

　この次期将軍擁立問題では、結局館林城主徳川綱吉が将軍に就任することになったため、俄然堀田正俊が優位に立ち、大老酒井忠清は求心力を失い、窮地に陥った。

　実は堀田正俊は、土井利房がライバル関係にある酒井忠清の一派だと考えていたようである。酒井忠清は延宝八年十二月に病気療養を口実に大老職を解任され、翌天和元年（一六八一）二月に隠居となっている。

　これと同じく土井利房も同年二月に老中職を辞しており、これと同時期に、土井本家の当主土井利益が、古河から志摩国鳥羽へ転封となっているのである。

　志摩鳥羽藩は、内藤氏が三万三千石を領していたが、延宝八年六月二十六日に、藩主内藤忠勝が刃傷事件を起こして切腹、七月九日改易となり天領《てんりょう》となっていた。このため都合よく、土井本家がこの穴埋めに利用されたものとみられる。

第二章 土井家治政の初期

藩祖利勝から四代利久までの藩経営の苦闘、利久急逝による藩の廃絶。

◆1

初代藩主土井利勝時代

古河藩土井家初代藩主利勝は、前佐倉藩主時代のキャリアを生かし、古河城に御三階櫓を築城、領内に農業振興策として桃の木を植えさせるなどをし、この桜花は現在にまで伝わっている。この利勝が江戸で倒れると、将軍家光はその病床を見舞ったという。

古河城の御三階櫓築城

土井利勝は寛永十年（一六三三）四月七日、下総佐倉十四万二千石より一万八千石加増され古河へ転封《てんぽう》となった。土井家の古河入封は二回あって、前期は利勝、利隆、利重、利久、利益《とします》の五代（寛永十年から天和元年）四十八年となり、後期は八代利里《としさと》より利見《としちか》、利厚《としあつ》、利位《としつら》、利亨《としなり》、利則《としのり》、利與《としとも》（宝暦十二年から明治四年）の百九年にも及び、併せると統治期間は百五十七年と一世紀半を超えている。

藩祖利勝は、先に慶長十五年（一六一〇）から寛永十年まで二十三年にわたり下総佐倉藩主であり、佐倉城の築城、城下の整備を行ったという実績があった。現在の千葉県佐倉市では、土井利勝を現在の佐倉市の町づくりの基礎を築いた人物として位置付けている。当然利勝の家臣には、築城、城下の整備等といった

二の丸から見た御三階櫓（『古河史蹟写真帖』より）

面で相当なキャリアをもった技能集団も多数いたと考えられ、利勝自身もこの面では自信をもっていたに相違ない。

利勝が古河へ移封《いほう》された時点で城郭、城下町等は、すでに先人たちにより整備されていたが、天守閣がまだ築城されていなかった。このため利勝は幕府へ願い出て、寛永十二年十二月にこの築城にとりかかり、翌十三年十一月に完成させている。

この利勝が古河城本丸北西隅に築城した天守閣の呼称については、一般には「御三階櫓《ごさんかいやぐら》」と称し、決して天守と言わなかったという。これは「江戸の将軍＝天守様」であることから忌みはばかったものであると言われている。

利勝が自ら創建した天守建築は、佐倉城と古河城の二城であるが、外観は共に無破風《むはふ》で質実・簡素であったと言われている。

一層目は縦九間×横八間である。これを関東内の他城と大きさを比較すると河越城八・五間×八間、高崎城八間×七間、忍《おし》城（行田市）六間×七間、水戸城六・五間×六・五間、佐倉城八間×七間と、江戸城を別格とすると関東では屈指の天守閣であった。

この由緒をもった天守も廃藩置県後の明治七年（一八七四）に取り壊され上に、同四十三年から河川改修工事により土塁等もすべて跡形もなく破壊され、現在河川敷となっている。

「三階櫓絵図」
（渡邊恒吉氏蔵）

異例の家光の見舞い

今日古河市では毎年三月中旬から四月初旬にかけて、古河総合公園内の二〇〇〇本の桃の花が一斉に開花し、〝桃まつり〟が開催され全国的に有名となっている。これは土井利勝ゆかりの桃花として現在に伝えられているものである。

このエピソードは江戸中期の兵学者《へいがくしゃ》、大道寺友山重祐《だいどうじゆうざんしげすけ》（一六三九～一七三〇）が享保十二年（一七二七）に著した『落穂集』に由来するものである。この中に「秋に至り収納の事」として、「三代将軍家光が老中土井利勝に対し、領内に桃ノ木を多く植えさせたと聞き及んでいるが、その通りかどうか直接お尋ねになったところ、利勝はその通りですと答え、古河には殊のほか燃料用の薪が少なく難儀していることから、この対策として早速桃の実を取り寄せて領内の田畑や農家の屋敷廻りまで蒔いたところ、二、三年で成木となり用立てることができて重宝している旨、言上した」とある。

寛永十六年（一六三九）正月朔日《ついたち》、江戸城内に激震が走った。幕閣土井利勝が城内で中風発作のため倒れたのだ。病状は重篤であったため幕府首脳は大変心配し、侍医岡本玄冶《おかもとげんや》、幕臣今大路道三《いまおおじどうさん》、半井驢庵《なからいろあん》、野間玄琢《のまげんたく》等を利勝邸まで派遣して治療にあたらせている。

今も残る二〇〇〇本の桃林（古河総合公園）

しかし病状はなかなか好転しなかった。

同年四月十八日三代将軍家光自ら病床の利勝を見舞うことになった（これは大変異例のことで、『徳川実紀』などをみても将軍が直々に幕臣を見舞うという記事はほとんどない）。

この三代将軍の御成りは利勝自身が強く辞退を申し出たにもかかわらず、三代将軍の強い意向により実現している。この時三男利長、四男利房は、初めて三代将軍の御前《ごぜん》に罷り出ている。だが当時の病床の利勝にとって、江戸城下ではゆっくりと病気療養に専念することは叶わなかったようで、国許《くにもと》古河での療養も幕府に願い出て許されていた。

同年六月四日未明、利勝は療養のため国許古河へ出発した。そして春日部駅《かすかべえき》（現埼玉県春日部市）にて、利勝一行が休息していたところ大変な緊張が走った。何と一行のもとに、三代将軍家光公の命を受けた側近中根壱岐守正盛《なかねいきのかみまさもり》（御小納戸《おこなんど》役《やく》三千石）が遣わした使者が訪れたのである。

病床の利勝はこの将軍の使者を正装の上、威儀を正して迎えたに相違ない。

そして威儀を正した病床の利勝を前に、三代将軍家光の奉書が披露されたのである。家光は病床の利勝を心底心配しその身を案じ、一日も早く快気《かいき》の吉兆《きっちょう》があるようにと祈願をしたためてあった。三代将軍家光の、身にあまる格別なる配慮に利勝自身も、あらためて大変感銘を受けたに相違ないであろう。

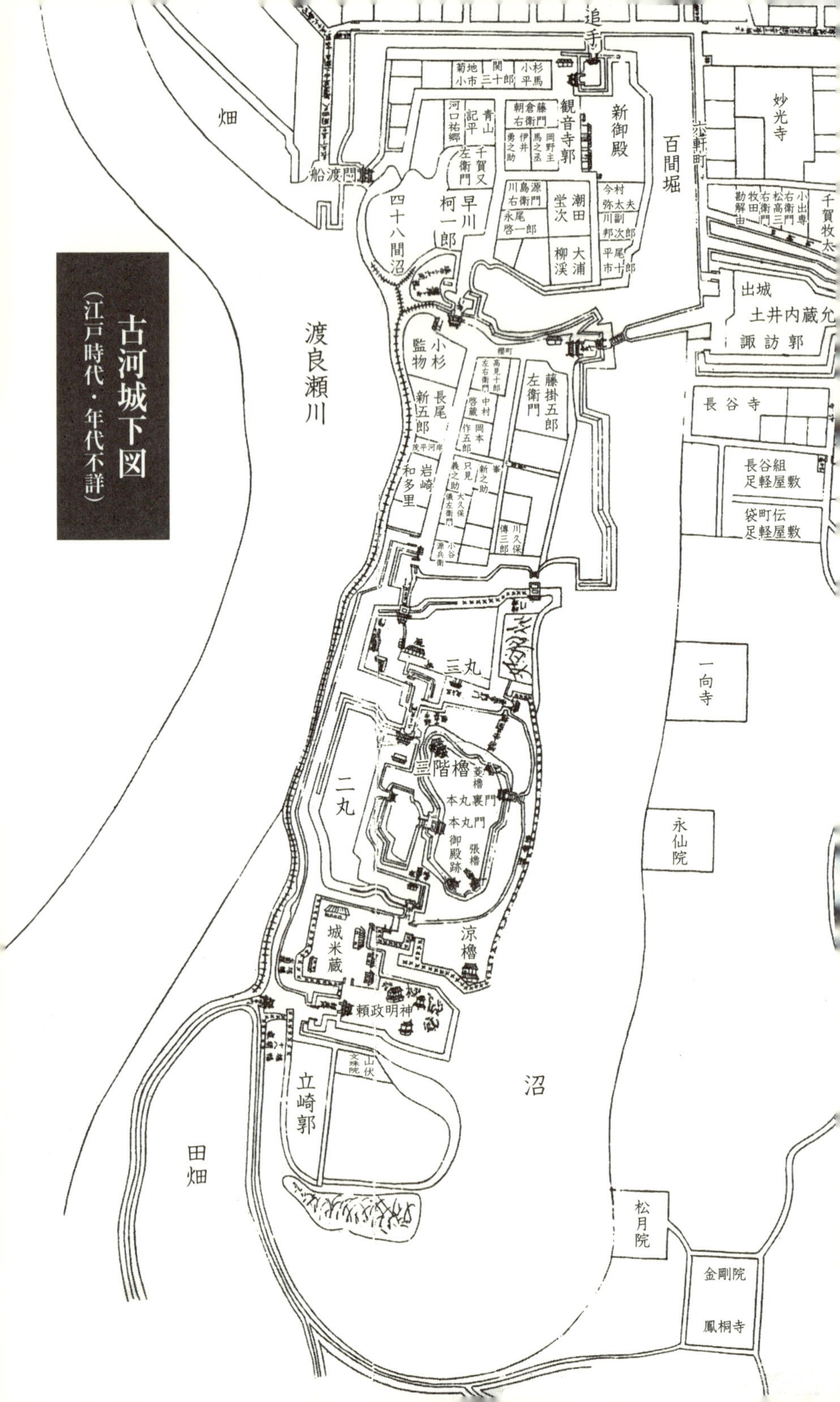

古河城下図（江戸時代・年代不詳）

この使者は葵御紋の長持を携えており、長持を開けると奉書の他に御寝衣三領、御寝巻五領が納められていた。陸路では江戸から古河まで十六里（六四キロ）あって、通常の行程では丸二日はかかる。病床の利勝は江戸を六月四日未明に発ち、同日夜更け古河城に到着している。

恐らく病床の土井利勝を駕籠《かご》に乗せて、少なくとも時速一〇キロ以上の猛スピードで古河に向けて運んだに相違ない。道路網も今日とは比較にならぬほど悪路であったろうし、途中数箇所で休憩をとったことであったろうし、さらに道路は河川で寸断され大変な難業で、当時の苦労がしのばれる。当時としても大変な強行軍で、いったい病床の利勝をどのようにして古河まで送致したのか。病床の者を駕籠で江戸から古河まで陸路を丸一日で運んだのは、まさに前代未聞のことである。古河城入りをした利勝は、当時古河城の三の丸にあった土井内蔵允元政邸（同母の実弟、御城代知行八千石）に身を寄せ病気療養に専念したのである。

利勝銅像（正定寺境内）

2

二代藩主土井利隆の無念

実父が幕閣の中心人物土井利勝、義父も実力者松平伊豆守信綱と好条件にあったことから、土井家二代目藩主利隆は、特に将来を期待されていたが、気性の荒さと常軌を逸した言動から、次第に追いつめられていく。

危うい性質だった利隆

利隆は利勝の嫡男で元和五年（一六一九）江戸で生まれている。父利勝が幕閣の重鎮《じゅうちん》であることに加えて、義父も実力者松平《まつだいら》伊豆守信綱《いずのかみのぶつな》であったことから、将来を大変嘱望されていた。彼は寛永十二年（一六三五）十月、十七歳で〝若年《わかどし》寄《より》〟に任じられ、このまま順調に推移するかと思われた。

ところが十五年十一月五日、父利勝が〝大老〟に任じられた同日突然、利隆は〝若年寄〟を罷免させられている。実父、義父ともに実力者が背後にあったことから、大変不可解のように思える。同様に酒井讃岐守忠勝《さかいさぬきのかみただかつ》も〝大老〟に任じられると同時に嫡男酒井備後守忠朝《びんごのかみただとも》が〝若年寄〟を罷免させられている。

これは今まで老職《ろうしょく》にあった土井大炊頭利勝と酒井讃岐守忠勝は、今までの御用は赦免するので、毎月一日と十五日、その他は召した時だけ登城するというものであった。

この頃の幕閣の要人については他に松平伊豆守信綱、堀田加賀守正盛、阿部豊後守忠秋、阿部対馬守重次、永井信濃守尚政といった面々である。この土井遠江守利隆と酒井備後守忠朝の突然の〝若年寄〟の罷免は、藩政時代からさまざまな憶測をよんでいた。特に利勝の嫡男については土井家の自家史料ではないが、『新武家閑談』、『土井家御立身記』といった史料によると、当時の土井家の内情を伝えた記事の中には、「利勝嫡男土井遠江守利隆は父大炊頭遺領《いりょう》相続し賜へ共、常に不行跡にて家中百姓共安堵《あんど》せず……」と記され、その人間性・行政手腕を問題視する見方もあったのである。

しかし、この記事の根拠についてだが、確かなことは容易にわからなかった。この事情を近年明らかにしたのが東大史料編纂所の山本博文氏である。

山本氏は毛利家文庫『幕閣任免通知状』の中で、寛永十五年十一月九日付、阿部正之（旗本、二千五百五十石）から毛利秀就（長州藩主、三十六万九千四百石）宛の書状の中に、「土遠江（土井利隆）殿、酒備後（酒井忠朝）殿若年寄役御免にて、大炊（土井利勝）・讃岐（酒井忠勝）子供ゆえ、らく（楽）に罷有り候について末々のためと思し召し、色々むずかしく召し仕えられ候、併せて以来越度（落ち度）も候へば、親々迷惑が及び、御公儀御ためにも然るべからず候条、このごとくの旨、上意の由に御座候」と記されているのを発見した。

山本博文氏によれば、土井利隆、酒井忠朝の両名に対して〝若年寄〟を罷免したのは、このまま奉公した場合、もし彼らに落ち度でもあれば、その累が父にも及ぶため、将軍家があえて政治中枢から排除したものであるという解釈である。土井利勝と酒井忠勝の両人を老中職から赦免したのは、政界からの引退を迫ったものではなく、むしろ今後も末長く大老職として奉公できるよう負担の軽減を図ったためであるという。

同氏はさらに、この土井利隆、酒井忠朝の両名に対する政治手腕に対する懸念は、そもそも〝若年寄〟に任命された当初からのものであるとしている。

筆者自身もこれとほぼ同じ時期の寛永十五年十一月二十五日付で、肥後熊本藩主細川家の家臣中澤一楽が報じた幕閣の内容にも、これとほぼ符合するものが存在するのを見出している。

こうした最近の研究から、先の『新武家閑談』、『土井家御立身記』といった文献も、ある程度信頼性が高いものであろうことも判明しつつある。

暗殺は未遂に終わる

ところで、二代藩主利隆の言動を今日窺い知る文献は、次の『他言無用伝聞記』であろう。この伝聞記は土井家の古老らの伝聞を今日に伝えている。そのいくつかをここに引用してみよう。

まず興味をひくのは、二代藩主利隆とその正室、松平伊豆守信綱の二女亀姫とが離婚に至った経緯が記してある点である。

亀姫が女児出産後、その子が御七夜《おしちゃ》のうちに死去したことから、実父松平伊豆守信綱がお見舞いとお悔やみを申し述べるため、二代藩主利隆のもとを訪れている。そして両者の仲違いの発端については、次のように記している。

信綱が利隆に対し「まずは親（母親亀姫）が無事でよかった。子の出生はまたこれからもあるであろう」と挨拶したところ、利隆は殊の外ご立腹となり、「この方（土井家）の血筋・出生にはお構いなく、私女（二女亀姫）ばかり命を大切に思う段、甚を以って不埒の至り……」として、その後すぐに離縁に至った、と古老は伝聞を記している。

さらに『他言無用伝聞記』は次のように続ける。

「右の故か、外に格別御立腹遊ばされる故か……。二代藩主利隆は何と十匁《もんめ》玉筒と玉薬、火縄を買い、柳原御屋敷の御物見にて、舅である松平伊豆守信綱が日々御返りを御待ち、鉄砲で狙い撃ち」するつもりでいたというのである。これを老臣たちが諫《いさ》めたが、聞き入れられなかった。その時家臣鷹見八太夫（当時小納戸役として側近に奉仕）が、さっと利隆から鉄砲を奪い取ったため、この暗殺事件は未遂に終わり、また関係者が必死になって揉み消したため、表沙汰には至らなかったという。

この話は決して創作ではない、それが証拠に奪い取ったこの筒（火縄銃）は、鷹見八太夫の子孫の家で所持しているはずであるというのである。

しかしその後どのような経緯があったのか……。現在この筒（火縄銃）は同家には現存していないそうだ。

また、二代藩主利隆は大変な狩猟好きの殿様であった。ある時家臣を引き連れて城下の狩猟場に出かけたところ、不猟のため大変不機嫌になってしまったのだ。狩猟場で猪が藩主利隆近辺を駆け回っている光景に立腹し、誰か猪を切り捨てよ、と命じたが、これがうまくいかず、さらに怒りをエスカレートさせた。

ようやく番徒士の市川某が藩主の近くから、猪を一刀のもとに仕留めたところ、たちどころに機嫌が良くなり、市川を百石侍に取り立てたというのだ。

討手を命じられない背景

初代の土井利勝は、元和元年（一六一五）五月の大坂夏の陣に出陣したものの、大坂城の遊軍から狙い撃ちされ戦場を敗走し、二代将軍秀忠配下の諸将が混乱するという不覚を経験している。しかしすぐさま、利勝自ら戦闘の指揮をとって劣勢を挽回《ばんかい》し、結果的には敵勢の首九八級を挙げている。しかし土井利勝隊が全国の諸大名が参陣している最中、戦場を敗走する不覚をとったことは、痛恨の極みのことであった。

二代藩主利隆は先に触れたように、元和五年生まれであることから、元和元年の大坂夏の陣について知る由もないが、実父利勝や側近の家臣たちの話などから、この積年の思いを伝え聴いていたことであろう。『他言無用伝聞記』は、二代藩主利隆はこの無念を、いつも気にしていたという。

寛永十四〜五年（一六三七〜八）、肥前唐津藩の飛地《とびち》である肥後天草《あまくさ》と肥前島原《しまばら》藩《はん》の農民たち二万数千百余が、天草時貞《ときさだ》を首領にキリシタン信仰で一致団結し、百姓一揆を起こした——これが世に有名な「島原・天草の乱」である。

そしてこの「島原・天草の乱」に対し、幕府からその鎮圧の話が持ち上がると、利隆（二代藩主襲封前）自ら討手《うちて》を望み、幕府に対して内々に願い出た。

「今度大坂の恥辱をすゝがず、もし敗軍におよばば直ちに討死《うちじに》すべし」と家臣に言ったという。そして古河城下原町口に人数を揃えた。その数、駿馬《しゅんめ》四〇〇騎であった（当時の百石以上の全家臣数に匹敵）。しかし利隆の生来の気性を公儀も知っていたので、討手を決して命じなかったというのである。

土井家の古老らは二代藩主利隆については、生来気性が荒く「殊の外御立腹」を繰り返し記している。その他およそ藩主に相応しくない——常軌を逸脱した言動も後世に伝えているのである。

利勝の憂鬱

利勝の最晩年の最も苦悩の種が、長男利隆の処遇であった。利勝自身も長男利隆の藩主就任を懸念していたのである。利勝には長男利隆（元和五年生）の他に男子三人がいた。三男利長（寛永八年生）、四男利房（寛永九年生）、五男利直（寛永十四年生）である。

恐らく利勝としても次期藩主の座については、長男利隆でなく三男、四男、五男も候補に考えていたことであろう。

しかし利勝自身が死期を悟った時、長男利隆が二十六歳に対して、三男十四歳、四男十三歳、五男八歳といずれもまだ元服《げんぷく》前で年若く、その人物においても未知数であった。この時点では将来いろいろな問題の発生が懸念されても、次期藩主の座は長男利隆を擁立するしかなかったと思われる。

藩祖利勝の遺言や死去の様子、嫡男利隆の家督問題、江戸家老大野仁兵衛の屍《し》諫《かん》による二代藩主利隆の隠居問題等については、『新武家閑談』、『土井家御立身記』、『他言無用伝聞記』の三点の史料はだいたい符合しているので、これらをもとに、次に記しておく。

利勝は寛永二十一（一六四四）七月十日、江戸原御屋敷にて七十二歳の生涯を閉じている。これより少し前、その死期を悟った彼は、腹心の大野仁兵衛と蒲田七兵衛の二人を特に枕元に呼び出している。元来利勝の股肱《ここう》の臣《しん》とは、同母弟土井内蔵允元政と寺田與左衛門時岡の両氏である。この二人は慶長末頃、家臣に召し出された時期から、すでに他の家臣団とは区別された特異的な存在であったことが知られている。だが利勝は当時としては長命であったため、二人は主君に先立っていたのである。二人の後継者が大野仁兵衛と蒲田七兵衛とみてよい。

利勝が特に心配したのは、次期藩主たる嫡男利隆の行く末である。利勝がその生涯を通じて営々と築き上げてきたこの身代《しんだい》が、脆《もろ》くも瓦解するのではないかという懸念である。利勝亡き後、重臣たちの多くが、次期藩主利隆に見切りをつけ退藩してしまうのではないか……。この懸念はある意味で的中していた。主君利勝の死去と同時に重臣の中では早川弥五左衛門が退藩しているという事実がある。

この病身の主君利勝の懸念に対して、大野仁兵衛と蒲田七兵衛の両氏が、次期藩主利隆の後見を仕ると言うと、利勝は「殊の外御悦びとなられ寝床から手を取り出して『誠に汝等の忠勤浅からず』」と感じ入った。

現実に、利勝が生前あれほど懸念した次期藩主の問題がすぐに噴出している。つまり家臣らが諌《いさ》めても、相変わらず藩主利隆の生来の荒い気性で、およそ藩主とは思えない常軌を逸した行動をとり続けていたのである。この対抗策とし

寺田與左衛門の墓（古河市磯部）

て、亡き主君利勝の遺言により後見役を承《うけたまわ》った大野仁兵衛と蒲田七兵衛の両氏（当時江戸家老）は、藩主利隆の我儘《わがまま》を何とか諌め、その行動を厳しく制約しようと努めたのである。これに対し藩主利隆は、大野仁兵衛と蒲田七兵衛がいずれも江戸家老であったことから、この両氏に国許（古河城下）への隠居を迫り、その制約から逃れようと画策し両者の攻防が次第に熾烈《しれつ》になっていった。

だが、この藩主利隆自身からの大野仁兵衛に対する強硬な隠居要請に対しても、老臣仁兵衛は、言を左右にしてはぐらかして凌いでいた。これに業を煮やした利隆は、とうとう刀に手を掛けて隠居の承引《しょういん》を迫ったのであった。この藩主利隆の強硬な手段に対し、仁兵衛は逆に主君に隠居を迫ったのである。

藩主と重臣たちの激しい攻防のあげく、老臣大野仁兵衛は二代藩主利隆に対し、その面前で、先代利勝の遺言により現藩主利隆の後見役を奉じることとなった経緯を話し、日頃の言動を諌め、腹十文字にかっきって果てるという由々しき事態に至った。

この諌死事件は藩の正史に記されていないことから、実話か後世の創作か確かなところは不明であった。

この問題を決着させたのは、古河市の郷土史家岡村実氏の研究成果によってである。

岡村実氏は近年独自の調査から江戸家老大野仁兵衛の菩提寺が、東京都文京区向丘《むこうがおか》の高林寺であると特定し、同寺の寺院過去帳から、大野仁兵衛の自害した時期は、慶安三年（一六五〇）正月二十日であることを発見した（岡村実『古河市史こぼれ話』二八～二九頁、古河市）。

藩の正史である「土井家系図乾」（国立公文書館内閣文庫蔵）によれば、

「同年（慶安四、一六五一）正月十六日御病気に依り、原御屋敷へ御引き移る。干時御歳三十三、公儀御勤諸事御名代利直公（利隆弟、利勝五男、当時十四歳）之を勤。今年（慶安四）より万治元年（一六五八）十二月迄八年御病気なり」

正史には江戸家老大野仁兵衛の諫死についての記載はない。しかし大野仁兵衛が慶安三年正月二十日に自害し、これにより藩主利隆が窮地に追い込まれ、翌年正月十六日に、とうとう隠居を決断せざるを得なかった経緯が史料的に確認されたのであった。

三代藩主の擁立をめぐっての確執

『新武家閑談』、『土井家御立身記』の記事には、そもそも史実には存在しない、明らかに後世の創作である記事があることも判明している。

『新武家閑談』は、二代藩主利隆が隠居してから三代藩主の座をめぐって、その長男利重（正保四年生）と二男利益（慶安元年生）との間でお家騒動《いえそうどう》があったと記している。この三代藩主の擁立について二代藩主利隆の正室亀姫（松平伊豆守信綱二女）は、長男利重より二男利益を寵愛し、二男を藩主として支持する動きがあったというのだ。

この亀姫の実父は幕閣の大変な実力者である松平伊豆守信綱であり、藩自体も何事につけ、この実力者を頼りとしていた経緯があった。正室亀姫も二男利益擁立については父松平伊豆守信綱を頼り、幕府もこの擁立を支持する方向で進んでいったのである。

しかし土井家老臣蒲田七兵衛は「二代藩主利隆の正室亀姫が二男を擁立しようとするのは、納得がいかないし、土井家のためのお考えとは思われない。大野仁兵衛が亡くなろうとも、私どもが生きているうちは、二男への相続は認めない。亀姫には、すぐにでもご実家へお帰りいただくべきだ★」と主張し、「三代藩主の座は長男の利重が家督相続すべきである。利重は病弱でもなく、藩主として公務を務めあげる能力も持っている。土井家の重臣らは、松平伊豆守へ直接談判してでも長男利重を擁立する考えでいるのである★」と何としても総領たる長男甚三郎利重を藩主に擁立すべく、幕閣の実力者松平伊豆守信綱にも直訴する勢いであった。

このような重臣たちの運動により、三代藩主の座には長男甚三郎利重が就任することに決定した。またこのお家騒動から二代藩主利隆の正室亀姫は離縁となり

▼……奥方の願いは合点参らず候。奥方の思案分別を以って土井家をば立てるに及ばず候。仁兵衛相果て候ても、われ等罷り在り候上は、左様の儀相成り難き候間、別して女中の分別借り申すべきにあらず、奥方は御里へ早々御返し有るべきとて、伊豆方へ返し……（『新武家閑談』）

▼伊豆守殿御孫に遊ばせられ、総領に小左衛門を立て、土井家の家督下されるべき趣承知仕り候。水は逆に流るゝ者にあらず、総領は総領に立つべく下され候。甚三郎病身にも御座無く、片輪・馬鹿にもなく唯今の通りに候はば、人並に御奉公も勤むべき器量にて御座候間、嫡子甚三郎へ家督仰付下され候様に願い奉り候。さなくば御登城之節を待ち請け、大手において伊豆殿へ推参仕るべく候とて……（『新武家閑談』）

実家に里帰りされた、とある。

しかしながら、『大河内家譜』には、二代藩主利隆の正室亀姫は、松平伊豆守信綱の二女で寛永三年（一六二六）生まれ、同十二年七月八日、土井利勝の嫡男利隆と婚約、翌十三年十二月十二日結婚している、とまでしか載っていない。武家系譜集の定版となっている『寛政重修諸家譜』には、利隆との間に子供があったことは記されていない。

だが正史である「土井家系図乾」をみると、二代藩主利隆の第一子は正室亀姫との間に生まれた女児であったことが判明する。ただ「土井家系図乾」によってもこの女児の生没年は記されていない（第二子利重が正保四年生まれであることから、これより以前であることは確かなところである）。

ただこの点については「土井家御代々御法名覚」（土井家菩提寺正定寺《しょうじょうじ》蔵）には、土井一族の没年月日、法名、菩提寺等が詳細に記されており、これをみると利隆には子供が、何と一九名もいたことが判明するが、どういうわけか利隆と正室亀姫との子供については、何も記されていない。

以上から検討してみると、利隆の正室亀姫が寛永三年生まれ、十三年結婚という事情を勘案すると、女児を出産したのは、早くても寛永十八年〜二十一年頃と考えられ、その後程なく離別したのである。

ここで問題となるのは二代藩主利隆と正室亀姫との結婚生活について、少なくとも利隆が隠居する慶安四年（一六五一）まで継続していなければ、長男利重と二男利益との三代藩主の座をめぐっての確執や、これに正室亀姫とその父松平伊豆守信綱が関与した事実はないと考えられることである。この点では慶安四年頃まで結婚生活が続いていたことを立証することはかなり困難である。

『新武家閑談』の内容を史実とするには利隆と亀姫との結婚生活が長く続いていなければ困難であるが、史料的にはこれとは全く逆で、ごく短期間であったことが確認されることから、この部分は明らかに後世の創作である。

ともあれ二代藩主利隆は自らの不行跡から重臣たちの意向により、本来であれば男盛りの三十三歳に、病気を理由に原御屋敷へ移され隠居させられている。そして本来であれば分家独立しているはずの弟利直（利勝五男、当時十四歳）に、本家に留まり藩主の名代として藩務をとらせ、何とか藩を存続させるという惨状であった。

③ 代替わりと藩機構

長男利隆が二代藩主を襲封し、弟たちへは分知が行われている。
問題を抱えた利隆では、家臣団統制も藩機構も機能をしなかったが、
藩主代行の利直、幼くして三代藩主となった利重では、事態は好転しない。

知行地の分知と利重の三代藩主襲封

初代利勝の晩年である寛永十九年（一六四二）の「家臣団分限帳」（下総古河藩十六万石）では、百石取以上の主要家臣数が二六八名で家臣団の知行総高八万一千八百石ほどであった。ところが二代藩主利隆時代（下総古河藩十三万五千石）の正保四年（一六四七）の分限帳には、「四四七名（百石取以上）で家臣団の知行総高十万九千四百八十石」（次ページ下段参照）とある。

この利隆時代の家臣数、家臣団の知行高は、当時の常識から考えても家臣数は二七〇名前後、家臣の知行総高でも六万石から七万石の間であろう。

初代利勝から二代利隆への世代交代期に、なぜ一挙に一七九名、知行高二万七千六百八十石増となったのか、詳しい経緯はまだ解明されていない。

しかし利勝時代とは一変し、利隆時代には藩が財政難に転じたことは確かである。加えて利隆は父利勝とは違って、その藩経営の統治能力や家臣団の求心力等に大きな隔たりがあった。利隆は父利勝死去後、正保元年に二十六歳で家督相続したものの、藩経営で重臣らと激しく対立し、慶安三年（一六五〇）正月、江戸家老大野仁兵衛が主君の面前で、その素行を諫めて自害して果てるという事件を起こしている。

利勝の五男利直が兄利隆の名代として藩主代行にあること八年――万治元年（一六五八）十二月に二代利隆の長男利重が十二歳で三代藩主として家督したことで、藩政は軌道に乗るものと期待されたのである。

なお利重の三代藩主家督相続の際、十三万五千石のうち、利勝三男で利隆弟の利長に一万石（都合二万石）、同四男で利隆弟の利房に一万石（都合二万石）、同五男で利隆弟の利直に五千石（都合一万石）、さらに利隆の二男で三代藩主利重弟の利益に一万石と、三万五千石を一族に分知している。これにより土井本家を家督相続した三代藩主利重の知行高は十万石となったのである。

前述したように二代利隆代の百石以上の家臣数四四七名、家臣団知行総高は十万九千四百八十石であり、家臣数及び知行高が土井家の身代以上に過分となっており、この事態は異常と断言できるものである。このまま推移すれば財政が逼迫し近い将来藩経営が困難となることも予想される。

利隆代家臣団構成図

<table>
<tr><td rowspan="6">土井利隆家臣団分限帳</td><td rowspan="6">家臣数
447名
10万9,480石</td><td>204名</td><td colspan="2">初代利勝から勤仕</td><td>6万4,660石</td></tr>
<tr><td rowspan="5">243名</td><td>土井利勝時代の陪臣（騎士）</td><td>104名</td><td rowspan="5">4万4,820石</td></tr>
<tr><td>鮭延越前家来</td><td>13名</td></tr>
<tr><td>堀千介直定家臣</td><td>5名</td></tr>
<tr><td>その他</td><td>121名</td></tr>
</table>

藩政改革は本来利隆時代から改革すべきであったが、藩主利隆が重臣らにより幽閉されおり、その弟利直が名代として藩主代行している緊急事態時とあっては、積極的に推進できなかった。しかし二代利隆の長男利重が、今般三代目藩主就任ということで本格的な藩制度の刷新に踏み切ったのである。

まず二代利隆時代の知行高十三万五千石のうち三万五千石を分知したことにより、家臣四三五名の中で七〇名は藩から分家先に転出したとみることができる。そうなると土井本家に三六五名が家臣として残留したのであろうか。残念ながら、三代藩主利重が家督相続した万治元年（一六五八）当時の家臣団分限帳は伝存していない。伝存しているのは寛文七年（一六六七）の分限帳である。同分限帳によれば二六四名、六万九千三百七十石とかなり藩政改革が進行中であることがわかる。

この改革の一環により三代藩主利重時代に御城代土井内蔵允が一万石から五千石、さらに堀主水が五千石から三千石と、高禄者は知行高を半減し、さらに一般家臣についても知行高二割引きを断行していたことが、「覚書従寛文元辛丑至延宝三乙卯」により確認されている。

これにより寛文元年〜延宝三年（一六七五）までの十五年間の動向（下表参照）をみると、三代利重、四代利久時代に百石以上の家臣が一三一名、二万一千八百五十石が退藩となっていったのである。特に寛文元年、十二年で併せて七二名、

古河藩からの退藩者について（寛文元年〜延宝３年）

藩より暇を出された理由	人数	没収された知行高
1 一斉御暇	72	12,630
2 御暇申出	28	4,650
3 病死跡無	11	1,770
4 病気跡無	8	980
5 御追放	4	600
6 逐電	3	320
7 遁世	1	不明
8 乱心の上自害	1	250
9 討死	1	150
10 洪水による水死	1	100
11 害死	1	400
計	131	21,850

一万二千六百三十石に一斉に藩から暇《いとま》が出されている。また自ら御暇を申し出た者も二八名、四千六百五十石に上っている。

四代藩主が決まったものの……

　ところで三代藩主利重時代も長く続かなかった。いよいよこれからと期待された矢先の延宝元年（一六七三）十月、二十八歳の若さで病死している。利重は既婚だったが、嗣子がいなかった。この時土井本家では寺田與左衛門、酒井茂左衛門などの首脳らが中心となり、次期藩主について協議された。候補者は亡き利重の弟である利益《とします》と利久の二者であった。

　利益は当時一万石の大名として分家独立しており、江戸本所に屋敷があった。利益の評判については決して芳《かんば》しいものではなかった。『他言無用伝聞記』によると、平素から大見栄《おおみえ》を張り伊達男《だておとこ》の真似をして、派手な出立《いで》ちで夜な夜な江戸市街を闊歩《かっぽ》していたという。

　当時の江戸の俚謡《りよう》に「夜中歩行ハ犬カ盗人カ扨ハ本所の土井周防」と風評されるといった不行跡の持ち主であった。

　結局不行跡がある上に分家に出ている二十六歳の利益よりも、土井本家にいる八歳と幼少である利久の藩主擁立に傾いていったのであった。寺田與左衛門、酒井茂左衛門らとしてみれば、強烈な個性の持ち主の利益が藩主となれば、思い通りの藩運営は困難が予想される。まだ少年の利久が御《ぎょ》し易《やす》いといったところが本音であろう。

土井帯刀《たてわき》利久は、わずか八歳で下総古河藩の四代目土井家藩主に就任した。なお前述したように、土井本家では二代利隆時代十三万五千石当時、家臣四四七名（百石取以上）で家臣団の知行総高十万九千四百八十石と、知行高に較べて過分の家臣を抱えていた。しかしながら過去の徹底した藩政改革が功を奏したと思われ、利久時代にはようやく二〇一名、五万六千五百六十石とほぼ知行高に見合った、いわば標準の家臣数と家臣の知行総高を保有するに至っている。

だが現実は烈《はげ》しく大変皮肉であって、そのように安定化路線には推移しなかったのである。

利久は延宝元年（一六七三）十二月に四代藩主に就任したが、この座にあることわずか二年たらずの延宝三年四月二十九日に十歳で早世している。利久は八歳と若年で家督相続したが、土井家内では跡継ぎたる養子など決定していなかった。土井本家には次期藩主になる者もいないことから、ついに嗣子なくお家断絶《いえだんぜつ》に至るのである。

実はこの改易となる懸念は、利久が家督相続した時点から存在していたにもかかわらず……。

古河城の明け渡し

江戸時代初頭、家康、秀忠、家光三代の間に、跡継ぎがいないという理由で取り潰された大名家は甚《はなは》だ多く六七家、没収された知行地は五百二十六万石を超えるといわれている。この怖さを土井家家中の者たちも当然十分認識していたであろう。

跡継ぎの関係では三代将軍家光が没した直後に、由井正雪《ゆいしょうせつ》、丸橋忠弥《まるはしちゅうや》などの幕府転覆を企んだ陰謀事件《いんぼうじけん》が慶安四年（一六五一）に勃発し、幕府関係者を震撼させている。

幕府首脳らはこの由井正雪の乱を教訓に、町中の浪人等がこのような陰謀事件を企むのは、彼らの生活が苦しいからである、今後は浪人等を減らす政策も必要であると、今までの武断政治から一挙に文治政治へと政策転換する契機とした。

幕府はここに至って、藩主に跡継ぎがなく死亡した場合でも、一部の場合には末期養子を認める画期的な決定をしている。幕府は寛文三年（一六六三）四代将軍家綱時代に、〝武家諸法度〟の規定に緩和規定をあらたに設け、藩主の没年時の年齢が「五十歳以下十七歳以上」という年齢制限の上で、末期養子を認めることとした。

末期養子とは、藩主がまさに息を引き取る寸前に遺言をしましたという形で、死後、家中の者から幕府に対して養子を願い出ることである。

そもそもこのような年齢制限を設けたのは、——藩主が五十歳を超えていわば老境に入り実子もいないのに養子を決めていないのは、そもそも家を存続させる意思がないからである。また藩主が十七歳以下の場合については、将軍家への奉公の年数が甚だ少なく、このような藩主に対しては特別の恩恵を与えることはできないとされているから（穂積陳重『由井正雪事件と徳川幕府の養子法』帝国学士院、大正二年）である。

実は四代藩主利久は当然実子はなく、養子についても決めていなかった。加えて利久は十七歳以下の十歳で亡くなったことから、幕府への末期養子の願い出も叶えられなかったのである。

これではまさに〝万事休す〟であり、土井本家は粛々《しゅくしゅく》と城地を幕府へ明け渡すしかなかった。

『明良洪範《めいりょうこうはん》』（元禄年間に成立した幕臣真田増誉の著）には古河城の幕府への明け渡しの様子★が記されている。

利久が幼くして死去したために、古河城は取り上げられることになり、安藤重博は幕府の使者として古河城の受け取りに行ったが、そこで差し出された奉書には老中からの御判《おんはん》がなかったことから、城代の寺田與左衛門がこれに異議をとなえ、

▼利勝の嫡孫帯刀利久少年にして死し、下総古河城を召上らるゝ時、安藤対馬守城受取りとして差向らるゝ。寺田は城代也。

安藤古河に至り城を受取んと言。寺田答えて此城は寛永十年将軍家より故大炊頭拝領せられ、夫より代々某預る所也。此度帯刀早世して嗣子有ざれば、将軍家の御城也。されば御老中の御判これ無くしては、渡し申さずと言。

安藤快らずと思へ共、是非無くその旨江戸へ注進に及ぶ。老中衆尤の事也とて奉書を下す。寺田是を開き見て城を渡し立ち退く。

此寺田と渡辺勘兵衛は城代たらん人の手本也と、世に賞し云ると也。

明け渡しを一旦拒否されている。この収拾のため安藤重博は再度、老中らの御判がある奉書をあらためて土井家側に提出、これによってようやく幕府側に城地が明け渡された。

この寺田と、戦国武将・渡辺勘兵衛は、城代を務める者の手本である、と世間は賞した。

幕府の使者として古河城の接収をしたのは安藤対馬守重博（上州高崎城主）とされているが、『寛政重修諸家譜』の安藤家部分には、これに符合する記事はない。

これと同時並行して土井家では〝お家再興運動〟が展開していたとみられる。この当時土井本家の後見役として辣腕《らつわん》を振るっていたのは、亡き藩祖利勝の四男で分家独立して二万五千石を領し、若年寄の要職にあった利房である。利房はすでに幕閣の実力者に成長し、幕府首脳部に対しても一定の影響力を行使することができた人物であった。

四代利久没後、土井家関係者によりお家再興運動が精力的に展開されたものと考えられるが、これらについては全く伝えられていない。利房が中心となって、幕閣に対してのお家再興運動が繰り広げられたことは恐らく間違いない。そしてそのお家再興の主役とは、四代利久の兄である利益（当時二十八歳、分家で常陸下妻領一万石）であることは明らかであった。

古河歴代藩主一覧

初代	小笠原秀政	十五代	松平信之
二代	松平康長	十六代	松平忠之
三代	小笠原信之	十七代	松平信輝
四代	小笠原政信	十八代	松平信祝
五代	奥平忠昌	十九代	本多忠良
六代	永井直勝	二十代	本多忠敞
七代	永井尚政	二十一代	松平康福
八代	土井利勝①	二十二代	土井利里⑧
九代	土井利隆②	二十三代	土井利見⑨
十代	土井利重③	二十四代	土井利和⑩
十一代	土井利久④	二十五代	土井利位⑪
十二代	土井利益⑤	二十六代	土井利亨⑫
十三代	堀田正俊	二十七代	土井利則⑬
十四代	堀田正仲	二十八代	土井利與⑭

※ただし、本書においては古河藩土井家を軸に描くため、土井家の代数○を藩主にあてている。

第三章 お家再興と移封、そして再封

移封後の土井家と、その間次々に入れ替わる古河藩主。

1 個性豊かな利益の功績と移封

四代藩主利久が十歳で亡くなり、お家断絶となった古河藩土井家だが、上意により新知七万石として改めて古河城地を賜ることとなる。こうしたお家再興に導いた人物こそが、五代藩主となる利益である。

新知拝領し七万石に

古河藩土井家第五代藩主土井利益の自筆による日記『諦玄院様御日記』の写本が今日に伝えられている。ただしこれは日記の一部を抄出して伝えたものである。この日記こそが土井本家の当時の改易劇を現在に伝える、唯一の史料となっている。

日記の背景と内容は次の通り。

古河藩主土井帯刀利久が病死したのは延宝三年（一六七五）四月二十九日である。これにより土井本家は嗣子がなくお家断絶（取り潰し）となり、その城地は幕府側に明け渡されている。恐らく土井家家臣らは古河城下にそのまま留まって、動向を見守ったに相違ない。

▼五月

晦日ニ可致登城之旨ニ而、廿九ニ御老中御申之由ニ而、能登守殿ゟ申来晦日ニ登城御黒書院廊下之次於辰之間ニ、御老中列座ニ而御懇之　上意ニ而新知七万石余ニ古河城地共ニ被仰付、依之其日御老中掃部頭殿、河内守殿、戸田備後守殿案内并兵庫守殿、信濃守殿同道ニ而御祝ニ参。夫ゟ上屋敷江立寄、夫ゟ一律食膳、又夫ゟ上野増上寺江参詣。夫ゟ原□□老参。夜四ツ過罷帰候。

そして利久が死去してから丸一カ月が経過した五月★二十九日に至って、明日五月晦日《みそか》（三十日）に江戸城に登城するようにという将軍家からの指示が、一族の土井能登守《のとのかみ》利房（当時幕府の要職である若年寄であり、土井利勝四男で二万五千石）から直々に、江戸の土井周防守利益邸（本所屋敷）にもたらされている。

そこで利益は五月晦日に江戸城へ登ったところ、黒書院廊下のとなりの〝辰の間〟に案内されている。そこにはすでにご老中らが列座していたという（大老酒井雅楽頭《うたのかみ》忠清、同井伊掃部頭直澄《かもんのかみなおすみ》、老中久世大和守広之、同土屋但馬守数直《かずなお》、同阿部播磨守正能《まさよし》、同稲葉美濃守正則）。

そして上意《じょうい》（四代将軍家綱の命令）が伝達され、利益は新知七万石としてあらためて古河城地を賜ることとなった。この時利益は直接大老井伊掃部頭直澄から、古河城地の新知七万石の朱印状、領地目録を賜ったものとみられる。

この件について「土井家系図乾」によれば、★将軍家が土井本家のお家再興を叶えたのは、ひとえに祖父利勝の幕府における勲功を第一に挙げている。そして知行については旧来の十万石のうち四万石は召し上げられ、利益は残りの六万石と自身の一万石を合わせた七万石に、加えて土井本家の継承が認められ、あらためて宗家の当主として古河城地を将軍家綱から賜ったのである。

利益はこの古河城地七万石を賜った後、あらためて土井本家（嫡流宗家《ちゃくりゅうそうけ》）の当主として、直ちに御留守居役戸田備後守重種が先導役となり、大老井伊掃部頭

▼利勝を以って天下勲功有り、新知六万石且つ持来一万石都合七万石古河城地之旨恩命有り。併せて御屋敷御拝領継ぎなされ、御嫡家系統御家門の為宗家雁之間詰衆仰せ付けられる。

直澄を先頭に奏者番《そうじゃばん》酒井河内守忠挙《ただたか》らが続き、一族の土井兵庫守利長（奏者番）、同土井信濃守利直も同道して、江戸城内で関係者に挨拶に廻っている（この時にお祝いに駆けつけた関係者も多数いたらしい）。

その後、利益と一族の能登守利房、兵庫守利長、信濃守利直ら関係者は、土井本家の再興が叶ったことに安堵し、利益の上屋敷へ一旦戻り共に祝膳をとっている。その後一行は芝の増上寺へ参り、そこで土井利勝の墓を参拝、墓前で藩祖利勝に対しお家再興が叶ったという報告をしたのであった。なお増上寺の所在は、当時も現台東区上野ではなく現港区芝公園である。同寺は徳川家の菩提寺であり、そこに土井利勝の墓も存在していたのである。

それから一行は原□□老という老僧（?）に挨拶へ行き、「夜四ツ過」ということから夜十時頃まで行動を共にして、それぞれ帰宅したらしい。

利益が将軍より古河城地七万石を賜った二日後の六月二日★、あらためて〝新知拝領之御礼〟をお世話になったご老中らの関係者に述べるため、江戸城に登城している。

そして城内では、御留守居役の戸田備後守重種を案内役として、土井兵庫守利長、土井能登守利房、土井信濃守利直と共に、一昨日挨拶に廻った際、会えた人、不在で会えなかった人を含めて、あらためて残らず挨拶している。

六月七日利益は、土井本家の上屋敷のもとへ引っ越している。

▼
一、二日之朝御老中江戸田備後守殿案内ニ而廻ル　是一昨日晦日ニ御懇之上意ニ而新知拝領仕候　一昨日ゟ御城直ニ御礼ニ而参候得とも、其節各々御城ニ御座無候之内故、不残内々願廻候。懇御内御礼申候。兵庫守殿、能登守殿、信濃守殿も同道御廻り候
一、七日ニ上屋敷日柄能候ニ付、先移初□□□□も能在候。
九日□願御老中へ廻ル　是ハ故　上屋敷江移得共　届ケ何も廻ル。
一、十日　新知拝領之御礼申上候併土井図書　東三左衛門も御目見被仰付　我等方ゟ献上物黄金廿枚時服拾差上候　披露松平備前殿、我等御礼申上候以後重而御懇之上意有之　図書、三左衛門ハ以銀馬代御礼申上候。図書ハ本多長門殿披露、三左衛門は戸田伊賀殿披露之。

六月十日利益はあらためて新知拝領のお礼を、四代将軍家綱に直接述べるため、将軍と対面している。その際に利益は黄金二〇枚と時服一〇着を将軍へ献上し、これを奏者番松平備前守正信が披露している。

では、利益が古河七万石の新知拝領が決定した時点で、真っ先にしたことは、当時古河城下にそのまま留まっていたと思われる一族の土井図書利之に対し、至急江戸の上屋敷に来るように指示したことである。というのは新知拝領（土井本家家督）が決定となれば、利益自身が近日中に必ず将軍家綱と土井本家の当主として、あらためてお目通りがあることはごく当然のことだからである。

将軍とのお目通りの際、分家時代の筆頭家臣東三左衛門と土井本家の筆頭家臣土井図書利之を随えておくことは絶対に必要不可欠であった。利益としては将軍とのお目通りの場で、土井本家の筆頭家臣土井図書利之をすでに随えていることで、すでに旧土井本家の家臣団を掌握していることを、将軍をはじめ幕府首脳らに印象づける狙いがあったものとみられる。

本家相続による家臣団の再編

利益は土井本家の家督を相続後、直ちに家臣団の再編成にとりかかったが、これについてはなかなか難航した。なぜなら土井本家十万石のうち四万石が削減さ

土井利益肖像（正定寺蔵）

れた六万石に、利益自身の一万石を併せて七万石となったのであるが、これに伴い家臣団の縮小、同知行高の減封が、まさに必至の情勢であったからであった。

これに新藩主利益はどのように対処したのであろうか。

先の土井本家四代藩主利久十万石時代をみてみると、百石以上の家臣数は家臣二〇一名、知行総高 五万六千五百六十石であった。

これに対し利益の分家一万石時代の百石以上の家臣数は二二名、知行総高三千八百五十石である。

この二つを併せると家臣二二三名、知行総高六万四百十石ほどになる。

その一方で筆者が土井本家古河五代藩主利益の七万石について、百石以上の家臣数と知行総高を予想してみると——。

一万石あたりの百石以上の家臣数で計算してみると、だいたい二〇名前後、知行高では、家臣に与える総高が藩の石高全体の四割～五割程度がだいたいの目安となる。

つまり七万石では百石以上の家臣数は一四〇名前後、家臣の知行総高二万八千石～三万五千石程度であろうと、およその予想はできよう。

では実際の調査結果はというと、五代藩主利益七万石時代の百石以上の家臣数は、一六六名、家臣の知行総高三万二千五百五十四石余であった。これは筆者の事前予想と大差はない。

土井利益の古河藩主相続の際の主要家臣構成（延宝３年）

利益主要家臣の構成	人数	備　考
４代利久時代からの家臣	126	利久時代土井本家201名中、75名が浪人となる
利益分家時代からの家臣	37	利益の分家時代100石以上は22名であったが、本家家督相続の際、扶持取15名を新たに知行100石以上に取り立てる
利益本家相続直後に、新規召し抱えた家臣	3	３名の藩士（長谷川喜兵衛、岡村五郎左衛門、測貝三郎右衛門）
５代利益家臣数の合計	**166**	知行100石以上を対象としている

次に家臣減についての内訳であるが、土井本家家臣二〇一名のうち残留できたのは一二六名で、七五名（三七・三パーセント）が藩から暇を出され浪人となっている。この七五名の知行高の合計は、五万六千五百六十石のうちで二万六千三百五十石（四六・四パーセント）であって、もう一方の利益の一万石時代の百石以上の家臣数についていては、家臣二二名から暇を出され浪人となった者は一人もいない。

この結果、利益の本家相続の際、あらためて残留をみとめられた家臣数は一四八名、知行総高三万四千六十石である。だがこの残留家臣についても利益は、百石以上の家臣全員を対象に千石以上は四割、それ以下は二割の一律の減封（賃金カット）を命じている。このときの減封高の総計は知行八千四百九十六石である。

この一律の減封（賃金カット）についていては、人員整理のみでは財政的に藩運営が困難であるため、さらに残留家臣について一律の減封を断行したのであろうか。

実は筆者が調査したところでは、一律の減封（賃金カット）について決して全家臣一律による減封でなくて、利益の分家時代の家老クラス重臣の東平右衛門、小谷治左衛門、百々《とど》弥兵衛、岩崎貞右衛門などはこの対象から外されている。これは新藩主利益の意向によりいわば特別待遇をうけた者たちである。

新藩主利益は、家臣から減封した知行八千四百九十六石の使途について、まず分家時代からの百石取以上の主要家臣二二名に対し、本家相続後に五十石〜五百石の間で計三千七百七十石をそれぞれ加増している。

　次に利益分家時代の百石取以下の扶持取の家臣一五名を、知行百石取に引き上げるために使途している（一千六百五十石）。この二つを併せると知行高は五千四百二十石にものぼる（減封高全体の六四パーセント）。つまり利益は土井本家相続の際、自らの分家時代からの百石以上の家臣数を二二名から三七名に増加させ、政権の基盤の強化に努めたのである。

　そして残りの一千五百七十石を、土井本家の旧一二六名の中の御加増に使途していることが判明している。家臣から減封した知行八千四百九十六石については、六千九百九十石を家臣らの加増に使途している。

　続いてこの家臣団再編を契機に土井本家から暇を出された面々を調査してみると、実は利益の分家時代（下妻一万石）の主要家臣二二名（百石以上）が、新藩主として本家を相続した利益に対しても、引き続き一定の影響力を行使することが可能であったことも判明している。

　ちなみに土井本家の家臣団の再編については、利益の分家時代の主要家臣の一族であれば、暇を出されず残留できたようで、次にこの事例を紹介する。

　例えば、利益の分家時代に小杉甚五郎がいたが、土井本家には同氏の本家一族として小杉長兵衛、小杉長右衛門、小杉角兵衛の三家があったが、いずれも暇の対象から外されている。また鷹見十郎左衛門についても、土井本家には鷹見八太夫、鷹見兵左衛門の二家があったが、これも対象から外されている。小谷治左衛門にも土井本家内に一族の小谷権左衛門がいたが、これも対象から外されている。河副三太夫についても土井本家内の河副十左衛門、河副八兵衛の二家があったが、やはり対象から外されている。

また長谷川喜兵衛正房は知行百五十石にて土井利重時代まで家臣として仕えていたが、病身を理由に退藩している（本当は家臣団の確執の中で浪人に至ったものであろう）。しかし利益の本家相続の翌年の延宝四年、何と三百石という破格の好条件で家臣に召し抱えられている。これは当時としても全く異例中の異例であろう。

実のところこの背景には、長谷川喜兵衛の正室が岩崎貞右衛門の娘であり、貞右衛門は新藩主利益の分家時代からの家老であることがあり、当時の貞右衛門自身の影響力の大きさを示す事例として大変興味深い。

このように新藩主利益は土井本家の家臣団再編の際、分家時代からの主要家臣の中で、本家内に一族がいる者は、残留させる方向で一定の配慮をしていたことが、史料面からも確認されている。

これとは正反対に、新藩主利益に何も縁故のない者は全く悲惨であったようである。利久家臣に利勝時代からの古参藩士、蔭山弥次右衛門（用人三百石）がいた。ところが延宝三年の土井家の家臣団再編の際、暇を出され浪人となり、同じ延宝年中に忰《せがれ》文左衛門が新藩主利益に帰参を願い出て、何とか認められたものの（当時藩は帰参自体を認めていない）、十人扶持十両という武士としては最下層の身分であった。

もし蔭山弥次右衛門が家中に残留が認められていれば、三百石の二割減封となっても二百四十石取の上士クラスの家として続いていたはずである。

これらのことから利益が土井本家の家臣団再編の際、家臣に一律に四割引き、二割引きを命じた理由は、いわば財政難などではなく、減封した家禄分をいわば分家時代からの子飼いの家臣らに加増して、本家内における自らの基盤作りをより磐石にするために、主に使途されたことがわかっている。

そしてこの背景としては、過去において土井本家の主要家臣の多くが、先の四代藩主擁立の際、幼い弟利久の擁立を支持し、兄利益の擁立に消極的であったことも……裏事情として垣間見ることもできよう。

こうしたこともあり新藩主利益は、土井本家相続後、自らの藩運営が容易になるようにさまざまな手段を講じていたことが、まさに歴然としているのである。

そして土井家家臣団には、この非常時に実に悲喜こもごも、さまざまなドラマが展開したのであった。

藩主利益の心意気

紆余曲折あって土井本家五代藩主に就任した利益は、藩祖利勝は別格として、個性豊かで強気の人物であった。彼は父である二代藩主利隆が、一部の重臣らにより強制的に隠居を迫られた。兄である三代藩主利重、弟である四代藩主利久についても、重臣らがまさに主君を傀儡《かいらい》として扱い、重臣らの勝手放題の所業を目にしていたので、分家筋の利益はかねてより苦々しく思っていたのであった。

こうした先例を教訓に、当の利益自身は土井本家の重臣らを前に、次のことを明示した。

●自分は他家からの養子でなくあくまで藩祖利勝の嫡流の実孫であること

●今回の藩主就任においても別段、本家の重臣らの推挙によるものではなく、あくまで四代将軍をはじめ幕府首脳らの裁定によるもので、本家の重臣らに対して特段の恩義など受けていないこと

●先の三代藩主利重が二十八歳で死亡した際、四代藩主の座を弟利久と争うこととなったが、本家の重臣らは自分（利益）を擁立せず、一貫して弟利久を推挙したこと（利益は土井本家の重臣らに対し、かねてよりこの遺恨をもっていた）

●土井本家の重臣らといえども、自分の藩運営に同意できない者は暇を与えるので、即刻藩を立ち去ること

●自分は先の利隆、利重、利久らの藩主とは違い、もし藩主に悪態をつく者が

あれば容赦なく、即〝武家奉公構〟の処分をする意向であるから、その覚悟でやれ！

土井本家の家臣の多くは利益のイメージについて、青年時代に伊達男の真似をして、夜な夜な町中を闊歩する不行跡の輩という印象が強く、ある面で侮《あなど》った見方をしていたが、この行動で本家の家臣らを震撼させたことはいうまでもない。

そして利益が示した〝武家奉公構〟だが、藩士が藩主から暇をとる（浪人となる）のに、藩主がその者に他家に仕官することを禁止する条件をつけることである。「古河藩土井家史料」には、藩主が退藩する家臣に武家奉公構の処分をしたことについての記録はないようである。

利益は、延宝三年（一六七五）五月の叙任直後からとりかかった家臣団の再編成を、同八年頃にようやく終えている。しかしこのまま順調に推移するかとも考えられたが、現実にはそう簡単に推移しなかった。

五代藩主利益は、古河藩主の在職わずか六年弱の天和《てんな》元年（一六八一）二月に、同じ七万石の志摩国鳥羽へ転封を命じられている。

この国替について、藩として土井本家の追い出しに背後で動いた張本人は、のちに入部となる堀田正俊その人であったといわれている。

これも古河

国替について

筆者の恩師・故千賀忠夫先生は、宝暦十二年（一七六二）の肥前唐津から下総古河への再封について、古老たちから土井家家臣の苦労話を聞き及んでいたらしく、折に触れて、この関連の話をしてくれた。

国替で唐津城を発つ際には、城及び家臣屋敷などで破損がある時は、修復して本来の姿にして引き渡さなければならない。その他城内にある城米の残量や城備え鉄砲、槍、弓などの検分も厳しかったという。

しかし在藩時代の行政資料の事務引き継ぎは一切なかったのだという。例えば、土井家は唐津在藩当時の行政資料は、入封する水野家に一切引き渡すことなく、唐津から古河へ持参している。このことから現在の土井家史料の中には唐津関係の史料も伝えられている。

一方土井家が入封となる古河でも、他藩へ移封となる松平家とは行政資料の事務引き継ぎは一切なかったという。こういった事情から、藩政時代の古河藩の歴史を調査する場合、その調査する時代の統治していた大名家をまず特定し、その大名家の史料が現在どこにあるか確認して調査しなければならない。

藩士たちは、国替や役職による赴任等により転々として、いつ病などで没するかわからない。彼らは没した地に埋葬され、後に改葬するということはまずなかったらしい。

こういったことから唐津からの国替の際、家臣たちの墓は古河に改葬することはなかったという。したがって唐津を発つ時、家臣たちはそれぞれの菩提寺の住職に、後の供養を託し、もはや生きて先祖の墓参をすることはないであろうとの覚悟のもと、古河に向かったのだという。

その一方で、向かう古河には、先祖が寛永十年（一六三三）から天和元年（一六八一）まで半世紀近く在藩した経緯があり、城下の寺院には先祖の墓が存していた。家臣たちは、今まで古河での先祖の墓参は叶わぬものとあきらめていたが、国替により八十一年振りの先祖の墓と再会できることになり、これは家臣たちにとって、まさに感動的であったという。

鷹見泉石筆「原町口より古河城下真景図」。古河城下入り口の原町口に辿り着いた藩士たちの感慨はひとしおであっただろう。（古河歴史博物館蔵、鷹見泉石資料、国重要文化財）

②移封後の歴代藩主と土井家再封

土井家が志摩国鳥羽へ移封後、古河は次々と大名が交替した。
移封・転封にあたって、大名間の行政資料の引き継ぎはなかったようで、
古河藩在藩当時のことを伝えるものは古河には残っていない。

次々と替わる古河藩主

古河藩主で土井本家五代目の当主土井利益は、幕府より元和元年（一六八一）二月、志摩鳥羽への移封を命じられて古河城を後にしている。その後、土井家は志摩鳥羽藩、肥前唐津藩を経て、再び古河に再封となるのは、実に八十一年後の宝暦十二年（一七六二）で、土井家当主は八代利里の代のことであった。

その間、古河藩は実に五家・九名が藩主となったように安定せず、頻繁な交替が行われたのである。

堀田正俊・正仲

堀田正俊《ほったまさとし》（一六三四〜一六八四）は堀田正盛の三男、春日局の養子。室は稲葉正

則の娘、稲葉正則は春日局の実孫である。

徳川家綱の小姓を務め、奏者番、若年寄を経て、延宝七年（一六七九）老中となる。翌年将軍継嗣問題がおき、酒井忠清らが親王将軍案を推す中で、徳川綱吉を推して実現。このことから将軍綱吉とその生母桂昌院の信頼が厚かったという。酒井忠清に代わって天和元年（一六八一）大老に任ぜられ下総古河藩で十三万石を領した。

綱吉初期の政治を掌握。〝天和・貞享《じょうきょう》の治〟と呼ばれる緊張した政治状況を実現したが、その剛直な性格が禍し、古河藩主時代の貞享元年（一六八四）八月二十八日、従兄弟で若年寄稲葉正休に江戸城中で刺殺された。正休の私怨によるとされている。有能な反面、妥協を許さず協調性に欠ける側面をもっていた。

翌年、跡を継いだ正仲《まさなか》が出羽山形へ転封となっている。古河在城期間は元和元年（一六八一）から貞享二年（一六八五）まで四年余り、と短期間である。

松平信之・忠之

藤井松平家嫡流四代目当主が信之《のぶゆき》になる。

信之は播磨明石藩主松平忠国の二男として生まれ、兄信久が夭折したため嫡子となっている。そして万治二年（一六五九）、父の死去により六万五千石の遺領を継いでいる。

延宝七年（一六七九）、明石から大和《やまと》郡山《こおりやま》へ転封となっている。
貞享二年（一六八五）老中となり、下総古河へ転封されて従四位下に叙任される。
翌貞享三年、老中在職中に死去している。

なお信之は古河城下の坂間村（現古河市坂間）に葬られたが、この地には同氏が生前、先祖の功績を顕彰するため建立した〝坂間の碑〟という四メートルを超える石碑が存する。この〝坂間の碑〟は、現在古河市指定文化財となっている。地元ではこの石碑がまさに信之の墓であって、石碑の下に葬られているものと考えられている。

また信之は古河藩主時代に、著名な陽明学者熊沢蕃山《くまざわばんざん》の身柄を預かっている。幕府はもともと朱子学を官学としたことから、陽明学者熊沢蕃山とは対立し、蕃山は保科正之・林羅山ら幕府首脳らより批判を受けており、さらに幕府の政策、特に参勤交代や兵農分離などを批判し続けた。

このため幕府からの弾圧を受けることとなり、古河城内立崎の頼政曲輪《よりまさくるわ》にて蟄居謹慎させられた。

そしてこの反骨の儒者は病を得て、元禄四年（一六九一）、古河城にてその生涯を閉じている。現在彼の墓は、古河城下大堤の鮭延寺にあって、茨城県指定文化財となっている。なおこの熊沢蕃山は、古河での蟄居謹慎中にも、古河藩内における農業政策に意欲を示し、彼の指導により築かれたという灌漑用の堤防〝蕃山

坂間の碑

熊沢蕃山肖像（『古河歴史博物館展示図録』より）

堤〟が古河市内に現存する。

信之亡き後は長男忠之《ただゆき》が家督相続したが、元禄六年、幕府から乱心を理由に藩を取り潰され、弟信通の大和興留《おきどめ》藩にお預けとなる。

そして元禄八年、忠之は江戸において不遇の中で死去した。地元古河ではこの忠之の改易理由は、先に身柄を預けられた熊沢蕃山の扱いをめぐり、幕府からの心証を害したという噂もあるが、判然としない。

松平信輝・信祝

信輝《のぶてる》は、松平伊豆守信綱系大河内家の三代目で、三代将軍家光時代の実力者で〝知恵伊豆〟といわれた松平伊豆守信綱の嫡流である。

万治三年（一六六〇）四月八日、川越藩主松平輝綱の四男として誕生し、寛文十二年（一六七二）、川越藩七万石藩主となっている。元禄七年（一六九四）一月、七万石にて下総古河へ転封となった。

宝永六年（一七〇九）六月に致仕、隠居《いんきょ》後は宗見《そうけん》と号している。

その後は長男信祝《のぶとき》が家督相続したが、正徳二年（一七一二）七月、下総古河から三河吉田七万石に移封している。

本多忠良・忠敞

現在の蕃山堤（古河市関戸）

徳川家康の家臣で、四天王といわれた本多平八郎忠勝を初代とする、忠勝系本多家宗家八代目当主である。

宝永七年（一七一〇）、越後村上藩十五万石藩主の本家本多家当主・本多忠孝が七歳で無嗣のまま死去したため、本来であれば断絶となるところ、特に幕命により、分家筋の忠良《ただなが》に本家を継がせることとなった。ただし忠良相続の際、十五万石から十万石を召し上げられたため五万石となっている。そして間もなく、越後村上から三河の刈谷に転封となっている。

このパターンは、前述した土井本家のケースとよく類似している。

正徳二年（一七一二）に五万石にて下総古河に転封となり、享保十九年（一七三四）に西の丸老中となり、享保二十年には西の丸から本丸老中となっている。

忠良は五万石ながら忠勝系本多家宗家ということで、将軍家より江戸城において十万石の格式が許されたという。

延享三年（一七四六）に老中職を退き、宝暦元年（一七五一）古河藩主のまま病没。その後藩主は同年に長男忠敞《ただひさ》が相続したが、宝暦九年七月、石見国浜田へ移封となっている。

この本多氏は、正徳二年から宝暦九年まで、古河藩の統治期間が四十七年と半世紀にも及び、これは土井家に次ぐ長さとなっている。

古河城下の永井寺境内には、忠良が古河藩主時代に没した実母随心院（享保十

永井寺の本多家墓所
（奥が随心院、手前が霧眞院）

七年没）と、早世した長男釜三郎霧眞院《れいしんいん》（享保十八年没）の墓が、それぞれ現存している。

松平康福

石見浜田藩五万四百石の四代藩主松平康豊の長男として、享保四年（一七一九）に生まれ、元文元年（一七三六）、藩主を相続する。寛延二年（一七四九）、奏者番を振り出しに、宝暦九年（一七五九）には寺社奉行兼担となり、同年古河に転封となる。そして翌十年に、大坂城代となった。

さらに同十二年九月晦日に、下総古河より三河岡崎に転封。同年十二月、西の丸老中となっている。

康福《やすよし》一代で封地が浜田から古河、岡崎、再び浜田と、国替を数度経験している。これは当時としても珍しいケースであろう。

八十余年ぶりに古河の地へ

古河藩を治めていた土井家は、五代利益時代の天和元年（一六八一）二月に同じ七万石で志摩国鳥羽へ転封となり、さらに元禄四年（一六九一）二月に肥前国唐津へ転封となっていた。当主（藩主）は五代利益、六代利実《としざね》、七代利延《としのぶ》と代替わりをし、八代利里《としさと》の時代の宝暦十二年（一七六二）九月晦日に、唐津から下総古河へ再封となったのである。実に八十一年ぶりに古河の土を踏んで、家臣団はまさに感慨ひとしおであったと思われる。

さて唐津藩のような九州に領地のある大名は、国防上の見地から老中、若年寄の要職に就くことができなかったというのも、家臣団の心をふさいでいただろう（笹間良彦『江戸幕府役職集成』雄山閣）。土井家は藩祖土井利勝が老中、大老という最高位までのぼりつめた名門だが、二代利隆は若年寄の要職に就き将来を期待されたが続かなかった。利勝の子供では分家の四男利房がひとり気を吐いて、延宝七年（一六七九）から天和元年に老中に就いたのみであるが、利房は越前大野四万石の藩祖となった人物である。

以来幕府において要職に就く藩主は出現していない。土井家の首脳は、藩主が幕府の要職に就いて幕藩体制を担うことが本分《ほんぶん》と考えていたようである。しかし幕府の要職（老中、大坂城代、京都所司代等）に就くためには、九州から本州のしかるべき藩へ移封しないと叶えられなかった。

土井本家八代藩主利里は、分家で旗本（五千石）の土井利清《としきよ》の二男に生まれている。兄利延が土井古河本家の養子となり藩主となったが、延享元年（一七四四）に亡くなったため弟である利里の出番となり本家の藩主に就任している。恐らく宝暦九年（一七五九）に奏者番に就任した頃から、将来幕府の要職に就くことを念頭にまず本州への移封を思いたったのであろう。幕府首脳らにどのような内部工作をしたのか詳細はわかっていない。しかし幕閣へ相当働きかけないと、下総古河への再封は困難であることは言うまでもない。

土井本家は寛永十年（一六三三）から天和元年（一六八一）まで半世紀近くを古河藩主として統治していて、今回の再封は家臣団にとっても安堵した面もあったに相違ない。また古河藩主がかつて幕府の要職に就いていたことから、その面でも藩主利里への期待感も存在していた。

しかしながら、土井家は国替後、すぐに財政問題が表面化してきたのである。

これも古河

今に伝わる古河の風物詩(1)

古河桃まつり

昭和五十二年（一九七七）から開催されている、古河を代表する祭り。

古河の桃の歴史を遡ると、江戸時代初期貧しい領民の為に、当時の古河藩主「土井利勝」が江戸で家臣の子ども達に桃の種を拾い集めさせ、古河に送って農民に育てさせたのが始まりといわれている。桃の実を食用に、剪定した枝は薪に、桃の花は暮らしに潤いをあたえるためだったという。明治時代には花の名所として、花見シーズンには「観桃列車」の臨時運行が組まれるほどだった。

三月二十日～四月五日の桃まつり期間中には、物産品の販売や、各種イベント等が行われ、毎年二〇万人以上の来場者が訪れ、大変な賑わいをみせる。

古河夏の神輿まつり

毎年七月の最終土曜日に開催され、十年余りの歳月をかけて製作された、高さ三・三メートル、重さ一トンもある、日本最大級の神輿「市民号」を中心に各種神輿や山車が会場内を勇壮に練り歩く。

古河提灯竿もみまつり

平成二十二年で百五十回目を迎え、江戸時代から続く古河で最も古い伝統の祭りだ。

会場の両側に高さ一〇メートルの矢来を組み、二〇メートルもの竹竿を各団体が、相手の提灯の火を消そうと激しく揉み合う。提灯が激しくぶつかり合い、火の粉が飛び散る中で提灯を揉み合う様は正に勇壮と呼ぶに相応しい迫力だ。

篆刻美術館

平成三年春に開館した日本で初めての篆刻専門の美術館。旧城下町の石町通りに面して大正九年に建設された三階建て石倉を改修したもので、展示室も当時の雰囲気を残している。

篆刻は書道芸術のひとつで、七百年ほど前に中国でおこった。四書五経や漢詩などから語句を選び篆書という古文字を用いて柔らかい小さな石に刻んで押したものを鑑賞するものだ。館内には、古河出身の生井子華の遺作を中心に、日本の歴史的作家の作品を常設展示している。また、本建物は国の登録有形文化財だ。

第四章 古河藩再封後の財政問題

土井家八代利里の時に再封され京都所司代となるも台所事情は火の車。

1

利里の出世と逼迫する藩財政

肥前国唐津より古河へ移るに当たって藩費の莫大な支出を余儀なくされた上、土井家八代藩主利里は再封後、幕閣での昇進を目指したため、多額の借金と家臣の俸禄を減らす方法で事態の打開を図るものの……。

余儀なくされる出費の背景

『諸御触記《しょおふれき》』とは土井家家中において、それぞれの役向《やくむき》から提出された触書を集成したものである。現在土井家には、明和二年（一七六五）から寛政十三年（一八〇一）まで三十六年間の、旧古河藩潮田《うしおだ》家史料のものが伝えられている。

この記録から当時の藩主の動向や藩の財政状況、倹約令、俸禄の支給状況、城下の生活状況等、具体的な状況をうかがい知ることができる好史料となっている。歴史はあくまでも先人たちの遺した史料によって構成される。ここでは『諸御触記』の一部を抄出して紹介し、過去の具体的な事柄に迫っていくことにしたい。

明和六年（一七六九）四月十六日条★には、古河藩の財政が行き詰まり江戸、大坂の御用商人からも借金してきたが、もはや家中の藩士らの俸禄をカット（現在

▼近年御勝手向別而不手繰ニ而、江戸上方共段々被及御多借、甚御差閊ニ付、去冬ゟ三ヵ年厳敷御倹約被仰付、御家中末々迄余計之借米被　仰付候、引方強、一統取続も成兼候程之儀……段々御難渋之御勝手故……此上何分取続相勤候様思召候。

弐百石以上　弐歩半渡之割合
百石　四歩半渡之割合
五拾石已下　八歩半渡之割合

でいう賃金カット）しなければ藩経営が困難になった現状を伝えている。

その背景には土井家は先の宝暦十二年（一七六二）九月に肥前唐津から下総古河へ同じ七万石で転封となっているが、幕閣を動かすために多額の資金を投入したと考えられる。加えて転封に伴い移送費用も莫大であったものと思われる。これで藩としては、唐津時代の蓄財のかなりの部分を消費せざるを得なかったものと見られる。

翌十三年には藩主利里は奏者番から寺社奉行に昇進している。上昇志向の利里は次に京都所司代、大坂城代等への就任を狙っていたのである。これにはさらに幕閣を動かすため、多額資金の投入が必要であった。藩の蓄財はすでにほとんど底をついていたのであろう、このため江戸や上方にて多額の借金をしていたようである。

このため藩の勝手方は、やむなく家臣団の俸禄を減封してこの資金を捻出し、藩主の昇進費用に充てようとしていたのである。これは借米と称し藩が家臣から借りる形となっているものの、俸禄の減封分については実質的に現在の賃金カットと何ら変わりはない。

この借米分を藩が家臣に支給されることはないのである。

二百石以上は「弐歩半渡之割合」との意味は、支給割合が二五パーセントに留まり、賃金カットの割合が七五パーセントとなるということであろう。これは家臣らにとってあまりにも過酷で悲鳴が聞こえてきそうである。

　土井家では藩政時代を通じてこの時点での引米（賃金カット）が、最も家臣らにとって過酷な試練であったのである。常識を遥かに超える処断である。このような厳しい倹約令を、藩は明和六年から三カ年間の期限付きという形で、家臣らに課したのである。

藩主利里の京都所司代就任

　明和六年（一七六九）八月二十日条★には、殿様（八代藩主土井利里）が京都所司代を拝命し、官位でも侍従となったことを記し、「財政はますます逼迫」と続く。

　同年八月二十八日条★は、藩主利里が京都所司代を拝命したが、さらにおびただしい資金が必要であり、さらに藩主は先々に老中を目指しているところから、現行倹約令は少なくとも来年までは続けるという、家臣らにとっては大変厳しい内容である。

　家臣団における俸禄の引米の割合については、高禄者ほど高くなっていた。「三人扶持拾石」とは士分では最下位の俸禄ながら、これで七〇パーセントの支給とは藩政時代を通じての実例は他にない。下級士族は果たしてどのようにして

▼殿様（八代藩主利里）去十八日、京都所司代・侍従被為蒙……

▼……困窮御救可被下段被　仰出候得共、此度御転役被蒙　仰候付而は夥數御物入、其上先々莫大之御物入可有之候時節故、各初御勝手方御役人共不及了簡候付、先ツ来年は唯今迄之通被差置候、（中略）三人扶持拾石已下七割御直被下……

生活を維持していたのであろうか。本当に恐ろしいことである。

明和七年正月十三日の条★では、先の古河藩主松平康福《やすよし》の在城期間が三年間と短期間であったこともあり、このような状況下では土井家も長く持たないであろう。現藩主利里もすぐに他藩へ転封となるのではないか。家中の中には無責任にも、このようなことを吹聴する者もいて家中全体が幻惑されることを、藩首脳らが懸念していた。この背景には、藩に対し、減封されて経済的に困窮している家臣らの反感も読みとれる。

同年五月二十八日の条★は、将軍家より、来る辰年（明和九年）に日光御社参を実施する予定であることが土井家に通達されたという内容。これは徳川家康の命日四月十七日に、将軍が諸大名をひきつれて日光東照宮に参詣する行事で、古河城は宿城となることから、その準備の関係もあってのことであろう。また当時藩主利里は京都所司代の要職にあり、翌年（明和八年）四月には後桃園《ごももぞの》天皇の即位の大礼を予定していたのである。

土井家では来る日光社参の準備資金と来年四月の後桃園天皇の即位大礼の資金として、幕府に金一万両の拝借を申し出て、これを許可されている。

明和八年九月二十八日の条★には、将軍家は来年に日光社参を実施する予定であったが、十代将軍徳川家治の御台所倫子《ともこ》が、八月二十日に三十四歳の若さで薨去《こうきょ》したことから、この喪に服するため延期となったことを記している。

▼一、御所替之風説色々申候由、粗被及
御聞候、無用之事ニ候間……

▼一、来年辰年日光山　御社参ニ付、古
河城　御泊可被遊旨、先達被　仰
出候処、所司代蒙　仰　来年は御
即位も有之、御大礼之義故御物入
等も差湊……依之金壱万両御拝借
被仰付候。

▼一、来年辰年日光山　御社参　大納言
様御服中ニ付　御延引被仰出候、
追而近年之内、御社参之義可被
仰出候……

明和九年三月七日の条★には、大火★の様子を記してある。

明和の大火は、明和九年二月二十九日、目黒行人坂《ぎょうにんざか》（現在の目黒区下目黒一丁目付近）から出火したため、〝目黒行人坂大火〟とも呼ばれている。出火元は目黒の大円寺。放火犯は武州熊谷無宿《むしゅく》の真秀という坊主であったという。

二十九日午後一時頃に目黒の大円寺から出火した炎は、南西からの風にあおられ、麻布、京橋、日本橋を襲い、江戸城下の武家屋敷を焼き尽くし、神田、千住方面まで燃え広がった。

類焼した町家は九三四、大名屋敷は一六九、橋は一七〇、寺も三八二を数えた。山王神社、神田明神、湯島天神、東本願寺、湯島聖堂も被災した。死者は一万五〇〇〇人、行方不明者は四〇〇〇人を超えた大惨事と言われている。

この大火事で土井家も上屋敷が全焼したのであった。

財政窮乏につき屋敷修繕できず

明和九年（一七七二）四月二十四日の条★では、藩主利里が京都所司代にあって、昨年（明和八年）四月二十八日に後桃園天皇の即位の大礼があったため、何かと出費がかさみ土井家では資金繰りに難渋した、加えて明和七、八年と領内は凶作で、このため米による歳入が見込めず藩財政が懸念されていた、悪いことは重な

▼一、去月廿九日昼時、目黒行人坂ヨリ出火、南風強、愛宕下辺桜田内桜田辺御櫓壱ヶ所焼失之由。夫ゟ大手辰之口御曲輪内大概不残御類焼、此方様御上屋敷被成候……

▼大火
江戸時代、江戸で発生した明暦の大火、明和の大火、文化の大火は、江戸の三大大火と言われている。

▼何れも存之通、近年京都被成御勤候付而は御物入多、御不勝手之上、両年打続莫大之御損毛ニ而、必至と御差支之処、此度江戸表大火、御上屋敷被成御類焼、相重候御難渋、御勤仕御取続も難相成躰ニ成行候、御用金調達被　仰付候得共、一統之大変故御用弁相調不申候。外ニ被成方も無之候付、此度ゟ格別ニ御倹約被　仰出候。右年限当年ゟ来年迄之事ニ候。（中略）先割合は只今迄之通被下之、御身之廻り第一御省略被仰付　公辺御勤之外は一向皆無之、思召ニ而、御外聞ニ御構無之、平日木綿御服被為、召、朝夕御膳等格別之減少被　仰付、御祠堂御祭省略遊候……

るもので、今年（明和九年）二月二十九日の目黒行人坂大火により土井家の上屋敷が全焼したと、改めて経緯が書かれている。

勝手方は明和六年四月に三年間という期限付きで、厳しい倹約令を家臣らに課していた。したがって明和八年でこの倹約令は終了するはずであった。ところが今回の厳しい事態に、この倹約令が九年だけでなく、少なくとも来年までは続けざるを得ないと主張しているのである。

家臣らにはさらなる倹約を励行すべきとして、

・正装は勤務のみで、平素は外聞など一向に構わないでいいので、木綿の衣服を着用のこと
・朝夕の食膳を倹約のこと
・倹約のため藩内の祭礼の一切を取り止めること

を申渡している。

藩首脳は明和七年五月に幕府から一万両の借り入れを申し出て許可されているが、今回の緊急事態にも何とか幕府から御用金を引き出して、どうにか乗り切ろうとしたのである。

同年五月二十一日の条★では、土井家が幕府に拝借金を願い出ていて、五〇〇〇両の貸し出しが許可となっている。これは藩主、家臣ともども大変な朗報であったと思われる。

▼一、去ル九日於江戸御願之通御拝借金五千両被　仰出……

九月十一日の条★は、城下の家中の屋敷（＝官舎）のことについてである。藩士の役職の去就等により適宜に屋敷替えを行っていたことがわかる。ただしこの屋敷替えには出費がつきもので、家臣らにも経済的負担がかかることから、財政状況が好転するまで取り止めとなった。

また官舎の破損は藩費で賄うのは当然であるが、財政的に極めて厳しいので破損が目立つ城内外の通り筋から追々修繕する予定である。それまでは葦《よし》囲いで凌いでいるように申し渡している。

▼一、御家中之面々屋敷替是迄被　仰付候得共　已後は屋敷替不被　仰付候

一、御家中破損在之面々、時節柄難義可有之候得共、上ニも此節被成方も無之候、依之御城内外通筋屋敷在之面々、追々如元取立候様可被心懸候、夫迄葭囲等不苦候。

藩士の困窮と城下の荒廃

明和九年（一七七二）九月十五日の条★には、厳しい倹約令が敷かれていて、将来もどのようになるか全く不透明な時代にあることから、藩士の士気が著しく低下したとある。夜な夜な飲み屋を徘徊し、馬鹿騒ぎする者が横行したのである。

このような不謹慎な者は藩としても厳正に対処することとしたものである。

▼一、近頃御城内外併市中、夜々謡小歌杯諷ひ致徘徊、酒屋等江罷越、不法之義も在之趣……已来右躰不慎之面々在之候ハヽ、此上は無是非急度咎可被　仰付候。

十二月一日の条★は、明和九年十一月十六日、年号が安永と改元されたことを記している。

▼一、年号、去月廿五日睽安永と改元被仰出候……

「廿五日」（二十五日）は十六日の誤りである。この年二月、江戸では目黒行人坂の大火事などの災害があって「明和九年は迷惑年」などと揶揄されていた。

安永二年（一七七三）十月一日の条★。

同じ七万石でも年貢米については、古河は豊饒の地である唐津の半分程度しかないため、通常の手段では、財政の立て直しは困難である。藩はこの財政立て直しのため、特に十年間に限っての新法〝十カ年中御仕法〟を発令し、〝十カ年限御倹約〟を徹底したのである。

これには江戸詰の家老朝倉頼母《たのも》景福《かげふく》が、国許に引っ越して〝御改革御勝手惣奉行〟として就任することになり、江戸表では山下藤兵衛希賢が、この副奉行《ふくぶぎょう》として改革の先陣にたつこととなった。

この「古河は豊饒の地である唐津の半分程度しかない」は、最近の研究では藩主利里が家臣らの俸禄をカットするための口実と考えられている。

▼一、……当地御領地は凡唐津之半減ニ相成候上……所詮通例之義ニ而は、立直候段在之間敷ニ付、今般格別之以思召、惣奉行、添奉行被仰付、拾カ年限御倹約　仰出……

一、十月
今度　思召有之、頼母、御改革御勝手惣奉行、同列座上古河引越、仰付、江戸表ニ而藤兵衛、添奉行被　仰付候。

②

〝十カ年中御仕法〟の倹約令

藩財政改革の切り札とすべく発した倹約令だが、
藩士のさらなる窮乏を招いて藩内の治安を悪化させる中、
日光社参のために幕府から準備金が渡されることが決定。

〝十カ年限御倹約〟による風紀の乱れ

安永三年（一七七四）二月二十三日の条★には、先の〝十カ年限御倹約〟の具体的な内容が記されている。

知行二百石以上の家臣は十年間を期限として半知支給（俸禄の半分を支給）となるとしている。これは大変過酷な内容で、当時経済的に困窮していた家臣らが果たしてどの程度納得したか、大変疑問は残る。

要するに今日でいえば十年間にわたり賃金を半分にカットするというもので、現在であればまず間違いなくストライキや暴動が起こるであろう。

同年三月二十一日の条。★

当時すべての家臣らの俸禄を、数年来引米（カット）していることから、家臣

▼一、十カ年中御家中弐百石半知之割御直シ被下候事
一、忠義第一相心得、武備強常々御軍用可心懸候事
一、不孝不忠等は勿論、奸計賄賂之筋堅停止之事
一、諸士之面々御勝手之勤者たり共、遊女町江立入、かぶき芝居江相越候事停止之事
一、末々迄博奕停止之事
一、忌懸　同姓　医師　旦那寺　用達之町人百姓　師弟
右之外音物停止之事
一、只今迄身勝手之歎筋、以手寄御家老共江申込候類も有之候、已後筋ニ睺可被及御吟味候間、等閑ニ相心得、後悔仕間敷候事
一、御医師江被　仰出候趣承知可仕候、何も代々之拝知切扶ニ安堵し怠申間敷候（後略）
右の趣、違背之面々は厳科可申行候間、兼而心得可被申候。

らの中には蓄財を使い果たし真にやむを得ない事情になり、どうにも身動きのとれない家臣が多く出現してきたのである。藩としてもこのような家臣については見殺しにはできなかった。このような家臣については、藩としても先に幕府から借用した御用金の中から貸与することにしたのである。しかし藩としても時節柄、容易には貸与できないとしている。

同年八月二十一日の条★には、藩士の借金のことが書かれている。

〝十カ年中御仕法〟により、家臣の俸禄が厳しくカットされたことから、家臣らはやむなく城下の商人らからの借金を余儀なくされる事態に陥った。しかし借金の返済がままならず、これにより勤務に支障が出る者も少なくなかった。

条文内に〝町家〟とあるのは、古河城下の豪商等を指しているものと思われる。また〝町郷〟とは古河城下の豪商や豪農等を指しているものと思われる。

恐らく町方の商人から藩に対し、藩士の借金返済の滞納の件でトラブルが多数寄せられ、藩としても黙認できなかったのであろう。藩としても極めて厳しい財政状況にあったが、この事態収拾のため、今までの藩士借金の返済分については藩が立て替えることにした。したがってこれ以後、町方の商人から一切借金は許されない。町方にもその旨を申し渡している。万が一これを破る者があれば、藩としては一切救うことはできないとしている。

また借金返済で藩が立て替えた分の、俸禄からの天引きについては三カ年間の

▼安永三年三月二十一日の条（前ページ）

一、御家中一統、数年来引米被　仰付（中略）取続勤仕も難相成面々在之由達御聴、御歎敷被　思召候。依之人も存訳候無拠物入等面々ハ、右躰及御救、御用金之内少々ツヽ、応分限、相応拝借可被　仰付候、併何れも存知之通御難渋之御時節ニ候得は、容易ニは不承届候付、始終を勘弁いたし可被相願候……

▼一、数年来御借米強、御家中之面々勝手向差閊致困窮、於町屋調達等段々及多借、勤仕ニ相障候面々有之……何も存知之通御難渋之御時節ニは候得共、是迄於町家致調達候借金は　上睺御返済被下候間、左様可被相心得候……。向後は於町郷調達一切不相成候。町郷江もその段申渡候。万一無拠筋合……左様而は御救之詮も不相立候付、三ヶ年之間は引方御免被成候……

猶予をあたえることとした。

同年八月二十二日の条★には、藩士には引米（賃金カット）により満足に俸禄も支給されていなかったため、藩士の中では藩に対する忠誠心が極端に低下する状況がみられている。内蔵允とは御城代土井内蔵允を指している。要するに満足な俸禄の支給もできないくせに上役面《うわやくづら》をされても困る、迷惑だといった反感が渦巻いていたのである。藩士の中には上司を上司として認めず、重役に対しても会釈もせず無視するといった風潮もみられている。

同年八月二十八日の条。★

長きにわたる極端な倹約令から、藩士が経済的に困窮し士気が著しく低下。家臣の藩に対する忠誠心も著しく低下して、古河城内の風紀が乱れてきたのである。そうするといつの間にか城内に虚無僧、勧進、乞食などが入り込んできて勝手に居座ることも多く、城内の治安が著しく悪化した。

このような無頼《ぶらい》な者たちを城内には居座らせることがないように、綱紀粛正を命じたものである。

安永四年（一七七五）三月二十日の条。★

〝十カ年中御仕法〟により藩士の生活が極端に窮乏し借金地獄に陥り、藩に無断で一族にて夜逃げする者が出てきたことを記している。通常退藩するなら、藩に暇を願い出ることが必要で、このような不届きな恩知らずは、捜し出して厳科

▼一、内蔵允・御家老中乗輿之節、前々之通諸士江不致不乗候……

▼一、御城外御家中屋敷江、虚無僧其外勧進乞食之類入込候義、旅人留之札有之候得は、仮令入込候而も、右躰之参懸り之家睺送出候ハヽ、右躰之者入込候義も有之間敷候……

▼一、近来風俗不宜、出奔之時々有之剰家内召連候而立退候者、間々有之候。難相勤筋候ハヽ、尋常之御暇可相願候処、御厚恩亡却、右躰之義不届至極、後来一統風俗之為不宜候付、近来立退候者共住所手懸り、心当有之候ニおゐては、早々御目付江可被申出候、被召捕厳科可被仰付候……

に処する、逃亡者の行方を知っている者は藩に知らせること――藩としても毅然たる対応をするとしている。

日光社参の延期と拝借金五〇〇〇両

安永四年（一七七五）三月二十四日の条★では、はじめ明和九年（一七七二）日光御社参を予定していたが延期となっていたが、来年の安永五年に実施されることになったという。

五月五日の条★には、懸案となっていた将軍家の日光御社参が、来年の安永五年となり、十代将軍徳川家治が古河城に宿泊することも決定となった、その準備金として幕府から金五〇〇〇両が拝借できることも決定したとある。

当時、この明和九年の日光御社参が、安永五年に延引《えんいん》となったことを皮肉った落首《らくしゅ》があった――明和九年之年は、古河土井大炊頭、宇都宮松平主殿頭、岩槻大岡兵庫頭にていづれも頭《かみ》なれば、「御宿城三人ともに頭痛やみ、拝借金は何と社参す」（『親子草巻一』）。

この落首にあるように将軍の日光御社参について宿城となる岩槻、古河、宇都宮の各藩は、出費が嵩むことが頭痛の種でもあった。そして財政状態はいずれも火の車であったようで、古河藩にかぎらず、宇都宮、岩槻の各藩も幕府から拝借

▼一、近年之内　公方様日光　御社参被遊候段被　仰出候。

▼一、日光社参ニ付　古河　御宿城被蒙仰候間、金五千両御拝借被　仰付候。

金がなければ困難な情勢であった。

六月二十五日の条★では、古河藩は先の安永二年十月一日に、十カ年限の倹約という〝十カ年中御仕法〟という新法を特に藩内に出したが、ここでことごとく取りやめになっていることがわかる。

倹約令を断行した御改革御勝手惣奉行・家老朝倉頼母《あさくらたのも》景福《かげふく》はお思《ぼ》し召しに叶わずということで、安永七年二月九日、藩から隠居を申し付けられた。しかし、景福はこれに承服できず、藩内同志を集めて対応策を協議しようとしたところ、これが不穏な行動として咎められ、さらに蟄居を命じられている。なお藩からこの咎が赦免になるのは寛政二年（一七九〇）二月で、死亡した後のことであった。

なお江戸表における副奉行・山下藤兵衛希賢は、藩から何の咎も受けていない。これは大変奇異なことで、これだけ大きな藩の命運をかけた改革を家老朝倉頼母景福に命じ、成果があがらず不評であったことから、責任を彼一人に転嫁しているが、これはどうかと思われる。

本来であれば藩主利里、御城代土井《どい》内蔵允《くらのじょう》利棟《としむね》、筆頭家老小杉《こすぎ》長兵衛《ちょうべえ》善長《よしなが》も、当然責任を問われてしかるべきであろう。景福一人がスケープゴートにされたとしか思われない。

まさに藩上層部の無責任ぶりにあきれ果てるのと同時に、このような改革は成功しないのは至極当然ではあるまいか。

▼一、去々年新法之御仕法被　仰出、頼母御政治事御勝手惣奉行被　仰付、壱人ニ任万事取斗候処、此度思召被成御座、右新法御仕法共悉ク御取潰被成……

③ 天災に見舞われる中での殖産振興策

幕閣での昇進を求め続けた利里が没し、襲封した九代藩主利見が逝去。
浅間山の噴火、台風襲来による洪水などの天災によって大飢饉が発生した。
〝中興の祖〟と称される十代利厚は一万石を加増され、産業振興で打開を目指す。

八代利里の死と九代利見の死

『諸御触記』の安永五年（一七七六）四月十一日の条。★

十代将軍徳川家治は日光御社参のため、来る四月十三日に江戸城を出発する予定であり、十四日に古河城に宿泊することとなっていた。しかし古河城主土井利里は京都所司代在職中で京都にいたため、その名代として嫡男利見《としちか》が将軍一行を迎えることとなっている。将軍宿泊の折にはくれぐれも火の元に注意することをいっている。大殿様とは土井利里で、若殿様とは養子で嫡男の利見を指している。

四月十五日の条。★

十代将軍徳川家治一行は予定通り四月十三日に江戸を発ち、同日岩槻城主大岡兵庫頭忠喜の出迎えを受け同日同城に宿泊した。そして翌十四日岩槻城を発ち、

▼一、此度　御社参ニ付、於京都表火之元其外万端別而御心遣思召候段、従　大殿様　若殿様江被仰懸候ニ付、御家中末々迄別而入念相勤、火之元大切可致旨　若殿様御意遊候段、内蔵允殿被仰渡候。

▼一、兼而承知通、昨十四日　御宿城無滞被為済……

同日古河城にて美濃守利見の出迎えを受けて宿泊している。この記録から滞りなく無事に済んだことがわかる。

安永六年八月十八日の条。★

土井利里は明和六年（一七六九）八月十八日に京都所司代に就任し、安永六年八月十四日に同在職中に没している（享年五十六）。死亡日については幕府への届けは十四日であるが、実際は三日であるという。野心家で出世欲の強い人物であったが、結局老中までには昇進できなかった。

安永六年（一七七七）十月六日の条★には、土井本家九代藩主利見は十月四日家督を相続したことが、十月二十八日の条★には、同月二十七日に病死をしたことが記してある。享年二十歳。在位一カ月に満たない短命の藩主であった。

十代藩主利厚襲封後の大飢饉

安永六年（一七七七）十一月三日の条★では、土井本家第十代藩主となる利厚は摂津尼崎藩主松平遠江守忠名《ただあきら》の四男で、九代藩主利見の養子願いを幕府老中方に差し出し許可されている。なお正式に遺領を相続するのは同年十二月二十日である。

天明三年（一七八三）九月二十一日の条。★

▼一、大殿様御逝去之義、去ル十四日之御日取ニ　公義江御届被成候得共、実去ル三日被遊　御逝去間……

▼一、殿様、去ル四日……御家督無相違、鴈之間御席被蒙　仰候段……

▼一、殿様、御病養不被為叶、作廿七日卯之上刻被遊御逝去候……

▼一、松平遠江守様御舎弟主膳様、御用養子御願差出候処、御老中被成御受取……

▼一、此表御領分　当夏満水、七月中焼砂降、畑田砂冠ニ相成、其後不順之気候雨天打続……莫大な損毛相聞、未御損毛高は不相知候得共、右之通ニ付、追而は引米可被仰出と存知候。

江戸四大飢饉★の中で最大の飢饉とは、天明の大飢饉であるといわれている。同飢饉については天明二年より天明七年に至る六年の間、連年のように作物のできが悪く食糧が著しく不足し、北は北海道から南は琉球まで多くの餓死者を出し、国内が騒然となったものである。この大飢饉の原因は気象の異変で、冷害により大凶作となったといわれる。

悪いことは重なるもので、この大飢饉の最中の天明三年五月二十六日午前十時過ぎ、突然浅間山が大爆発を起こしたのである。この影響で古河領内の田畑にも焼けた火山灰が降り注ぎ、作物にも火山灰が積もり甚大な被害がでている。「七月中焼砂降」とは、この焼けた火山灰を指している。そして河川に火山灰が流れて川底が高くなり、これにより河川の水位が上昇するに及んで、河川が氾濫し領内の田畑が冠水し、作物の収穫が期待できない状況に至った。

土井家では米の損耗高《そんもうだか》が果たしてどれくらいになるのか、全く見当がつかない状況であった。藩は家臣らに対して、追って引米（俸禄米のカット）の通告があるという触れを出している。

天明三年（一七八三）十一月二十二日の条★。

先の九月二十一日の条で、冷夏による凶作に加えて浅間山の噴火による被害から、藩は事前に家臣団に対して俸禄についての引米を通告していた。今回俸禄米のカットの割合を明らかにしている。これによれば百石以上では半分以下という、

▼江戸（時代）四大飢饉
・寛永の大飢饉　寛永十九年（一六四二）〜寛永二十年
・享保の大飢饉　享保十七年（一七三二）
・天明の大飢饉　天明二年（一七八二）〜天明七年
・天保の大飢饉　天保四年（一八三三）〜天保十年

▼一、……然ル処近年相続候領分至而凶作候、収納も夥敷至減少……無是非当冬睺来九月迄……

覚

一、高五百石　四割弐歩渡
一、高二百石　四割三歩渡弐厘渡
一、高百石　四割八歩渡弐厘渡
一、高五拾石　六割六歩渡七厘渡

大変厳しい内容となっている。

天明六年七月二十一日の条。★

七月中旬、関東地方に歴史的な大洪水が発生した。これは先の浅間山の大噴火による火山灰の大量の泥流が利根川に流入したことにより、河床《かわどこ》が上昇したことが原因である。七月中旬の長雨により上流・下流の各支派川で破堤《はてい》、中条堤《ちゅうじょうてい》（現埼玉県行田市）、権現堂堤《ごんげんどうつつみ》（現埼玉県幸手市）も決壊した。特に栗橋、羽生《はにゅう》、岩槻、草加等の被害は甚大であり、関東大洪水ともいうべき呈をなしたという。まさに古河藩でも年貢米の大幅減少により財政難は必至で、家臣らにどれくらいの俸禄が支給できるかわからないといった状況であった。

大洪水により被害甚大

天明六年（一七八六）九月二十一日の条★は、先に大洪水にふれたが、古河藩は城付き五万石といわれ、下総、下野、武蔵の三カ国で五万八千百十石余を領していた。一方、上方領分についても摂津《せっつ》、播磨《はりま》、美作《みまさか》の三カ国に飛地領があり二万九千五百五十九石、併せて八万七千六百六十九石を領していた（表高は七万石）。

しかし上方領分についても摂津、播磨、美作の三カ国も台風により米の収穫高が見込めず、年貢米の減収がどれくらいになるのか、大変深刻な状況にあった。

▼一、此節洪水ニ付御領分御損毛高一向不相知候、右ニ付而は御領分餓人御救之夫食江余計之義有之、近国一統之大変ニ付、来年御家中渡方如何可相成哉難斗候。

▼当年御領分洪水ニ而御損毛莫大ニ付、当十月睺御家中引米被　仰付候。取調も致出来候得共、又々上方御添地大（台）《筆者が当て字》風ニ而、余計御損毛之旨申来候間、如何程御収納減少可致哉一向相分兼候付、引米渡方之義追而御沙汰可有可候……

九月二十八日の条★では、厳しい財政難の中で家臣らの俸禄の内訳が伝えられている。これによると前出の天明三年十一月二十二日の条の内容と同じである。土井家が古河に転封して二十五年余を経過した上での判断――いくら財政難といっても家臣団の引米（賃金カット）はこのあたりがほぼ限界域だと考えたのであろう。なお藩は当面の財政難を乗り切るため家臣に対し、天明六年九月二十八日〝五カ年之間御仕法替之事〟を打ち出している。

これで注目されるのは、安永三年（一七七四）二月二十三日の条の中で、〝十カ年中御仕法〟では「十カ年中御家中弐百石半知之割御直シ……」とある俸禄についてである。

この〝五カ年之間御仕法替之事〟の中では、具体的な引米（賃金カット）には何も触れられていない。恐らく〝十カ年中御仕法〟の中で、過去に深刻なトラブルが多々発生したことから、あえて回避したように思われる。

ここで〝五カ年之間御仕法替之事〟の一部★を紹介すると、藩は家臣に対し芸場での武道の稽古を取り止め、交際費、城普請、武具、弾薬などの経費を大幅に倹約し、まさに藩をあげての質素倹約により、何とかこの難局を乗り切ろうとしたのである。

『諸御触記』に戻り、天明六年十二月十九日の条★をみよう。

当時土井本家十代藩主土井利厚は寺社奉行の要職にあった。天明六年七月に関

▼

覚

一、高五百石　四割弐歩渡
一、高二百石　四割三歩渡弐厘渡
一、高百石　四割八分渡弐厘渡
一、高五拾石　六割六分渡七厘渡
右之通高割ニ而弐人扶持五石迄引付、其巳下本給下候。委細之義は吟味役江可被相尋候。

▼

一、武芸稽古之義、芸場相止、師範之宅ニ而先規之通稽古可致事、右ニ付、芸場定付相止……
一、年限之内、御城向其外御普請皆無同様相心得、急処ヲ取斗見斗可申付事
一、音信贈答之事、親子師弟医師之外、堅無用之事
一、諸組大筒打玉薬代、併玉置文兵衛被下金共、半減之事
一、御鉄砲御修覆等相止、新張勿論之事

▼

一、去十六日　殿様被為召被遊御登城候処、当秋御損毛ニ付、金七千両御拝借被蒙……

東地方に歴史的な大洪水が発生、加えて摂津、播磨、美作の上方の飛地領でも、台風により凶作であった。もはや幕府への資金援助に頼らないと藩運営が困難であった。そこで藩は七〇〇〇両を幕府より借りたのである。

利厚の京都所司代就任

『諸御触記《しょおふれき》』の伝存状況については、八代藩主土井利里が肥前唐津から下総古河へ移封された直後の明和二年（一七六五）に始まり、移封後七年ほどして、利里は京都所司代に就任したことを記している。

土井家では藩祖の利勝が、臣下では最高位である大老まで昇進したものの、本家では二代利隆から七代利実に至るまで、幕閣の要職に就いたものは一人もいない。ただ利勝の四男で越前大野藩主利房（古河藩土井家の支藩）が、老中まで昇進しているのみである。

こういったことから八代藩主土井利里の京都所司代就任は、土井家一門においても久々の幕閣での要職者の誕生ということで沸き返ったに相違ない。

さらに老中就任への期待も大いに高まったが、利里は京都所司代に在職することと八年、在職中に五十六歳で亡くなっている。

九代藩主には、三河西尾藩主松平乗祐《のりすけ》の十男利見《としちか》を養子に迎えたが、藩主就任後一カ月も経《へ》ないうちに、二十歳で急逝している。

こうしたことから、土井家では十代藩主をすぐに擁立しなければならなくなり、安永六年（一七七七）十二月、摂津尼崎藩主松平忠名《ただあきら》の四男利厚を新藩主として迎えている。

享和元年（一八〇一）七月十三日の条★には、土井本家十代藩主土井利厚《としあつ》が、寺社奉行から京都所司代へ栄転になったことが記されている。また官位も侍従に任じられている。この十代藩主利厚は先の八代藩主利里に続いて、京都所司代に就任したのである。

利厚は、土井家の〝中興の祖〟と称されている人物で、享和二年から文政五年（一八二二）まで、二十年以上の長きにわたり老中の要職にあり、この貢献で幕府より一万石を加増され、八万石となったのである。

▼殿様一昨十一日被為召、被成御登城候処、於御座之間、京都御所司代被蒙仰被任侍従候……

領内の農業振興策と商品作物

前述したように土井家が古河再封以降、一般に古河は「城付き五万石」といわれていたが、実際には五万八千石ほどであった。農作物としては思川、渡良瀬川、利根川沿いに米作を中心に麦、大豆、小豆などの穀物類の生産が中心であった。ほかの綿、菜種などの商品作付けは少なく自家用程度であった。土井家は古河に再封される以前の唐津では、楮《こうぞ》、櫨《はぜ》といった特産品があった。古河にはこれといった特産品はなく、農民経営を振興助成することや藩財政を潤す意味からも、米作以外の経済的に有利な作物を奨励することにした。

寛政九年（一七九七）に藩領の下野国巴波川《うずまがわ》流域の農民に対し、櫨の栽培を特に奨励している。この櫨の栽培は土井家が旧領唐津藩時代に、藩の専売品の一つとして櫨栽培を奨励し藩財政を潤したことから、古河領でも旧領から種を取り寄せて栽培を奨励した。櫨の実は木蠟《もくろう》として、和蠟燭《わろうそく》、坐薬や軟膏などの材料であり、また樹皮は染料ともなったことから需要は多く、換金に有利な作物であったからだ。

櫨の種の配布の経緯について、藩からの申し渡しによれば「……右はぜ（櫨）種之義、其村々為に相成候ものと被及御聞、殿様★御自身ニて厚キ被遊御世話被下置義ニ付……」とあり、あくまで藩主主導のもとに行われている。

また古河藩では文化元年（一八〇四）五月に藩領下野国上河原田村《かみかわはらだ》、寒川村《さむかわ》に対して菜種栽培の奨励のため、村々に菜種の配布を行っている。

菜種の配布の経緯について、藩からの申し渡しによれば「……去月廿三日御役所へ被召出菜種被下置候。右種之義従……御公儀様　御殿様被為成御拝領、於御城内御種取被成　御領分へ御配分被成候……」とある。つまり文化元年四月二十三日、役所にて配分された菜種は、殿様（土井利厚、老中在職中）の勤務先であ

▼殿様
土井本家十代藩主土井利厚。

る江戸城において、将軍家より直接拝領した由緒ある菜種ということがわかる。

江戸城において全国の諸大名のさまざまな情報に接していた老中の土井利厚は、領内における菜種の栽培の重要性を十分認識して、まさに陣頭指揮をとって奨励にあたったのである。菜種は灯油の主要原料で、料理用でもあり、また油粕《あぶらかす》も肥料に転用できるため、その需要は時代を経るにつれて増加していった。換金に有利な作物であることから、米作の裏作として藩も盛んに奨励したのである。

古河藩では、藩の飛地の摂津平野郷周辺で綿の栽培が盛んであったため、綿種《めんた》子《ね》を上方から取り寄せて、古河領内での栽培を奨励している。木綿は衣服、布団などの生活必需品の材料として需要が高く、換金に有利な作物であった。

古河藩領下野国中郷《なかごう》村には文化十年（一八一三）九月の「大倉徳兵衛砂糖製造法伝授について廻達」という史料が伝えられている。この大倉徳兵衛は明和五年（一七六八）生まれ、豊後国日田郡の出身で近世の著名な農学者で、大坂を本拠として畿内、中国、北陸地方を巡訪して農業に関する見聞を広めつつ、『農家益』『農具便利論』『綿圃要務』『野菜録』等の農書を著している。

文化十年当時古河藩は、この著名な農学者大倉徳兵衛永常から直接砂糖製造法の指導を受けていたことは確かであるが、詳細はまだわかっていない。

古河藩ではこの砂糖作りは決して強要するものではなく、砂糖作りを希望する村は、甘蔗《かんしょ》の栽培希望面積を役所に届けるよう〝触れ〟を出している。

藩政時代後期の頃になると食生活も贅沢となる傾向にあった。砂糖の需要についても増加しつつあった。その一方で当時砂糖製造法については薩摩藩が精糖技術を独占しており、同藩で富を独占している観があった。農学者大倉徳兵衛永常は当時秘術とされていた砂糖製造法を普及させた功労者の一人であろう。

この藩の砂糖製造法の古河藩領内導入は、全国諸藩の中でも早く、農業政策における先進藩の一つでもあろう。

なお甘蔗は一般にはサトウキビと称され、本来熱帯・亜熱帯性の植物であるが、古河あたりでも栽培可能であったようで、戦後の一時期、栽培されたこともあったという。

古河藩領内には特にこれといった商品作物もないことから、十代藩主利厚は櫨、菜種、木綿、甘蔗等の栽培奨励策を農民らに積極的に推進し、領内経営の安定化を図ったのである。

これも古河

小江戸の町〝古河〟

江戸時代の古河の特徴を極めて簡潔に、熟語で述べよと尋ねられたら、――筆者はこの問いに〝小江戸〟が最も当を得ていると考えている。〝小江戸〟とは一般的には、「江戸との関わりの深い町」「江戸の風情を残す古い町並みを残している町」「江戸のように栄えた町」といったさまざまな意味合いで使われている。

現在小江戸の町といえば、埼玉県川越市、栃木県栃木市、千葉県香取市（旧佐原市）などが有名で、小江戸をキャッチフレーズに観光客の誘致、町の活性化に積極的に取り組んでいる。

江戸時代の古河も〝小江戸〟という点においては、川越市、栃木市、香取市と並んでも決して遜色はない。

〝神君御遺状御宝蔵入百箇条〟という、徳川家康が遺訓として将軍へ伝えたものが現在に伝えられている。この中で家康は古河城を北方の守りの拠点として、江戸城の支城と位置付けて重視している。家康は死後、下野国日光に〝東照大権現〟として祀られたことから、将軍家の日光社参は江戸時代を通じて一九回も実施されている。日光社参のため江戸を発った将軍一行は初日岩付城に宿泊し、二日目は古河城に宿泊、三日目は宇都宮城に宿泊したのち、四日目に日光に到着する手筈となっていた。将軍宿所の古河城内には将軍専用の通用門である御成門や宿泊所も存していた。

藩政時代全国の二百数十諸藩の中でも時の最高権力者たる将軍が、国許の城に直接御成りとなった藩は決して多くはなく、これは古河の誇りとするところでもあろう。

また古河城下には主要幹線の奥州街道（日光御成街道）があり、この街道にはまさに東北を代表する、仙台藩伊達家六十二万石、会津藩松平家二十三万石、秋田藩佐竹家二十万石、盛岡藩南部家二十万石、米沢藩上杉家十五万石といった雄藩が、参勤交代などで城下を往来したのである。

城下を往来する大名の動静を把握し、不審な動きがあれば江戸への逸早くの情報提供、また幕命により軍略上必要とあらば往来を遮断し、さらに武力攻撃も可能――これこそが、古河藩の重要な使命であった。

そして江戸から古河までの距離は一六里（六四キロメートル）であったことから、将軍家の日光社参と同様で、江戸から奥州方面に向かうとなると初日は岩槻に宿泊、二日目が古河に宿泊といった行程が一般的に多かった。つまり往来する大名等は古河城下の街道筋の本陣、脇本陣に宿泊、また商人等の庶民は旅籠、といった宿場町としても、古河は大いに栄えたのである。古河城下の街道筋には本陣一カ所と脇本陣二カ所、旅籠が二九軒、茶屋が六軒あり、旅人らに供されていたのである。

古河は関東平野のほぼ真ん中に位置し利根川、渡良瀬川、思川の三水系が古河西側に合流することから、水運においても江戸と北関東を結ぶ拠点として栄えた。

藩政時代における陸上輸送は専ら駄馬に

頼っていたが、例えば米の搬送においても一頭あたり米二俵程度であったが、船を利用した水運では中型の高瀬舟であれば、一挙に四〜五〇〇〇俵の搬送が可能であった。ゆえに水運は当時の花形産業であり、これが利用できることは町の流通経済においても極めて重要であった。古河は利根川水系の河港町で、しかも古河藩の行政府である古河城は渡良瀬川河畔にあり、水運の利用が可能であった。このため古河城に隣接していた古河河岸には船主一八人、筏師二名が常駐していたという。

例えば、江戸において有事が発生した場合、もし江戸幕府から要請でもあれば、古河藩は古河城から高瀬舟に軍隊、武器、救援物資等を満載して一挙に渡良瀬川、利根川、江戸川を下り江戸城まで、水運で直接大量輸送が可能であった。このルートは川を上るのではなく、下ることから極めて容易であったと思われる。

古河藩以外の全国諸藩の中でこのようなことが可能であった藩は、恐らく下総関宿藩くらいと思われる。

実例として豊臣政権時代の慶長三年（一五九八）七月、当時五大老の筆頭であった徳川家康は、豊臣家の諸将を率いて奥州会津の上杉景勝の討伐に遠征したが、この時家康は軍隊・武器等を江戸城から江戸川、利根川、渡良瀬川、思川経由で下野国乙女河岸（現栃木県小山市乙女）まで船で上り、後は陸運にて小山まで輸送している。これと同じルートで、のちに日光東照宮造営について幕府は、江戸から日光まで建築資材等を輸送している。

先に述べたように古河は、水陸ともに奥州と江戸間の物資運送においても、北関東の拠点として重要な役割を担っていた。

奥州からは特産物として煙草、紅花、蠟燭など、また領内からは穀類を中心に心胆(薬)、地酒などが、古河経由で大消費地の首都江戸に向け大量搬送されている。逆に江戸からは専ら農民相手に肥料を中心に綿、塩、砂糖などが搬送されてきたのである。

特質すべきは十七世紀後期古河藩主であった堀田家（のちに下総佐倉藩主）が、移封先の山形で特産の紅花を奨励し、これを古河城下の商家丸山儀左衛門が仲買人として一手に引き受け、消費地江戸へ送り巨利を得て北関東一の豪商と称されるまで成長したことである。藩政時代の古河藩は単に城下町としてだけでなく、商都としても北関東を代表する地位を獲得していたといっても決して過言ではない。

小江戸といえば「江戸の風情を残す町並み」という特徴も見過ごせないであろう。

古河藩の向領（旧埼玉郡大利根町付近、現加須市大利根）の俚諺に「江戸を見たけりゃ古河を見ろ」というのがあったという。また藩政時代古河城下の代表的な町名に〝江戸町〟があった。この町内には藩の御用商人等の多くの有力商人が店を構え、江戸情緒が顕著にみられたことから称されたものである。現在町名に〝江戸町〟はないが、自治会として存続している（『自治会の歩み』古河自治会連合会発行）。

このようにみていくと〝古河〟は、今日〝小江戸〟と称されている埼玉県川越市、栃木県栃木市、千葉県香取市と比べても決して遜色ないであろう。

第五章 古河藩社会が直面した時代の動き

武士像と俸禄と女性像、文化。さらに幕末の動向。

1

「親類書」にみる古河藩の体制

古河藩の武家社会を垣間見ることのできる史料が天保期に書かれた「親類書」である。
本書では表にあまり出てくることがない原史料を使っているが、
本項では、藩士たちのルーツや彼らの側面に迫っていきたい。

主要家臣の拠点とルーツ

幕府が寛政年間～文化年間（一七八九～一八一八）に編集した武家系図集『寛政《かんせい》重修諸家譜《ちょうしゅうしょかふ》』は、江戸時代の武家の伝記資料として最も正確かつ広範で信頼性が高く、研究資料としてよく利用されている。

土井家にも天保十一年（一八四〇）に編まれた、古河・江戸の各「親類書」があり、初代利勝から十一代利位《としつら》まで一代ごとに土井家の士分以上の主な家臣二〇四家の系譜が詳細に記されている。

特に主要家臣については、土井家に出仕前の先祖の経歴、奉公後の役職の任免及び知行高、家族構成と婚姻関係、さらに藩の国替関係、藩主の役職の任免などが記されていることから、『寛政重修諸家譜』と並んで、藩政時代の古河藩の動向をうかがうことができる史料となっている。

ここではこの「親類書」により、古河藩における武家社会を垣間見ていく。まず二〇四家の在住地の内訳は、古河一一七家、江戸八〇家、平野郷六家、大津一家。

土井家の飛地領として上方には摂津、播磨、美作の三カ国で八四カ村があって二万九千五百五十九石を支配していた。平野郷（現大阪市平野区）には陣屋《じんや》があって、上方の情報収集をはじめ、上方での大坂商人からの資金融資、藩主が大坂城代に就任した場合にこれを補佐するなど極めて重要な拠点であった。

京都二条城近くにも土井家の屋敷があって大津一家の家臣が常駐していた。京都方面の情報収集と、藩主が京都所司代就任の際はこれを補佐するなど重要な任務にあたっていた。

藩士の本国について

二〇四家の出身国の内訳については全国八八国のほぼ半分の四四カ国にのぼっている。

三河国が二二家と多いのは藩祖利勝の出生地が三河岡崎城下の土井村であったことからで、利勝の実母弟の御城代土井《どい》内蔵允《くらのじょう》や、家臣団では最古参となる平

天保11年（1840）古河藩「親類書」（204家）

出身国	家臣数	出身国	家臣数
近江	23	甲斐	7
三河	22	紀伊	7
下野	17	越後	6
出羽	12	越前	6
美濃	11	常陸	6
信濃	8	武蔵	6
下総	8		

以下31カ国、65家（2家は不明）

尾十五郎をはじめ坂本、大久保、鷹見、服部などこの関係者は多い。

また、近江国が二三家と最も多いのは、利勝の出身三河の隣国であることにより、小杉長兵衛、小谷源兵衛、河副（川副）、堀といった利勝時代からの古参が多くみられる。

さらに五代利益時代以降に藩内筆頭家老となる小杉長兵衛が分家を多く出したことや、五代利益が志摩鳥羽藩主時代に近江出身の奥、吉武等を多く召し抱えたことにより、この出身が増え、最も多くなったようだ。

下野国出身の多くは、下野国佐野藩主佐野修理太夫信吉が、慶長十九年（一六一四）に改易された後、利勝に仕官したことに起因している。

出羽国が多いのは元和八年（一六二二）に最上義俊が改易となり、その重臣鮭《さけ》延越前《のべえちぜん》、新関因幡《にいぜきいなば》らが利勝時代に召し抱えられたことによる。

土井家の家臣団は寄り合い世帯で、実にさまざまな人物で構成されている。

仕官者の根幹と年齢、俸禄

藩士が仕官した時代でみると藩祖利勝時代が最も多く六二家、続いて五代利益時代の三五家、二代利隆時代の三五家となっている。藩の家臣団の根幹は五代利益時代にほぼ完成されており、二〇四家中、初代利勝の父利昌より利益時代までで一五九家となり、七八パーセントを占めている。また藩の用人、御番頭、家老といった重職には、利益までに仕官した家でないと、就任していない。

「親類書」には二〇四家の当主の年齢の記載もあり、天保十一年（一八四〇）十月当時の年齢が判明している。しかし、御城代土井内蔵允利宜のみ年齢の記載がないため、二〇三家の当主を調べると、全平均四十・三歳、古河一一七家三十七・六歳、江戸八〇家四十四・一歳、平野郷六家四十一・八歳、大津一家三十四・〇歳である。

全平均四十・三歳については、調査前では当時人生五十年といわれた時代のことであるから、もっと若年齢となるものと予想していたが、年齢構成については現在のサラリーマン社会とほぼ大差はないようである。

また藩士は世襲制であり十五歳ぐらいの若年でも家督相続できたことから、最も若い当主は十六歳となっている。反対に高齢者では七十一歳となっている。

平均年齢では江戸詰の年齢が最も高く、これは江戸では藩主の家族をはじめ将軍家、幕府の要人や他藩との交流などがあるから、やはり実務経験のベテランを配置するなどの配慮がなされたためであろう。

ついでに当主の負担でいうと江戸詰が最も大変であったらしい。国許古河一一七家中で無役《むやく》が五七家もあるのに対し、江戸詰八〇家中無役は一家のみである。さらに江戸詰は役柄の兼務も多いという特徴がある。また飛地領の平野郷も兼務が多く、結構過酷ではなかったろうか。藩士にとっては国許での勤務が比較的のんびりできたように思われる。

二〇四家中、知行取は計一二五家で最低七十石～最高三千石で、知行高の総計二万五千五百九石である。残りの七九家が扶持取でこの総計は八五七人扶持。

この時代古河藩の主要ポストについては役高制が敷かれていた。御家老五百石、御番頭三百石、御用人二百五十石、御先手物頭二百石、御郡奉行二百石、御吟味役二百石、御旗奉行二百石、御槍奉行百五十石、御使番百五十石といったものであった。

足高制とは、これより家禄が低い者が役職に就任した場合は、例えば家禄百五十石の藩士が御先手物頭二百石に就任した場合、在職期間のみに限ってその不足分（これを足高という）五十石を支給していた。これは幕臣でも他藩の大名家の家臣でも同様であった。

天保十一年「親類書」によれば、足高（役職に対する不足分）を支給されたのは国許古河では一一七家中四家で、足高の合計は二百七十石と意外に少ない。これと比較して江戸詰では八〇家中一三家で七百二十五石と多い。先に触れたが江戸では、藩主の家族をはじめ将軍家、幕府の要人や他藩との交流等があるから、実力者を登用せざるを得なかったものとみられるし、物入りも多かったようだ。

武家社会における女性の活躍

この家臣団の「親類書」から、実に藩政時代の土井家におけるさまざまな側面がみえてくるのであるが、藩政時代はいわば男性中心の社会であって、藩主をはじめ家臣らは、男子でなければ家督相続はできなかった。したがって現在に伝存している史料については、いわばあくまでも男性中心であって女性に関するものは極めて少ない。

それでは武家社会にあって、女性たちには全く活躍の場がなかったのかというと、実はそうではなく、たとえ女性であっても職務に精励して藩に貢献すれば、相応の地位を獲得することも可能であった。

次にこの関係で二、三の例を紹介しておこう。

土井本家の八代藩主利里には世継ぎとなる男子がないことから、やむを得ず他家から養子を迎えることとなったのである。そしてこの時に養子としたのは久世《くぜ》若狭守広武《わかさのかみひろたけ》（下総関宿藩主久世家の分家、旗本五千石）の三男利剛《としかた》であった。

これは久世広武の出身が、もと土井豊前守利良《としよし》（土井家の分家で下総大輪《おおわ》領五千石）の二男で、久世家に養子に入っていることから、いわば血縁筋から養子に迎えている。この利剛は享保十八年（一七三三）生まれで、利里の養子に迎えられたのは明和二年（一七六五）のことで、三十三歳になっていた。

彼に正室はおらず、太田備後守資愛の妹と婚約をしていたが、安永二年（一七七三）に養父利里に先んじて、四十一歳で結婚前に没している。実はこの利剛には、『寛政重修諸家譜』から娘二人がいたことが確認されている。

この娘二人は父利剛没後、八代藩主利里の養女となり、後年一人は青山下野守忠裕《ただやす》（丹波篠山藩主六万石、青山宗家十代目）の正室、もう一人は五島近江守《ごとうおうみのかみ》盛運《もりゆき》（肥前五島藩主一万二千六百石）の正室となっている。天保十一年「親類書」から五島近江守盛運の正室となった芳倫院《ほうりんいん》の経緯が、ある程度明らかとなる。

この芳倫院の母は名を園岡《そのおか》という女性で、その出身は清水甚助（牧野越中守の浪人）の娘で、牧野茂右衛門（堀大和守家臣）の厄介になっていたという。どのような経緯で土井家に奉公することとなったのか詳細は不明であるが、恐らく土井家関係者で世話する者がおり、土井利剛の側女として奉公することになったのであろう。

利剛は、この園岡という側女との間に女児（のちの芳倫院）をもうけているが、九代藩主の座が約束されていながら、四十一歳で養父利里に先立って安永二年（一七七三）四月に亡くなっている。この芳倫院は父の死亡後、八代藩主利里の養女に迎えられ、文化二年（一八〇五）八月に五島近江守盛運に嫁いでいる。

この輿入《こしい》れの際、母（園岡）は芳倫院のお付きの老女として付き従っている。

母（園岡）は文化十一年八月に病没、これを追うように芳倫院も、同十四年四月に亡くなっている。

ところで古河藩主土井家では芳倫院が没した直後の同年六月、その母（園岡）について藩に対する〝年来の出精相勤〟の功労に報いるため、新家として名跡《みょうせき》御立《おんたて》を特に認められている。園岡家は新家創設の上で十二石五人扶持という家禄を扶持され、養子である正誼《まさよし》が新当主園岡 昇《のぼる》正誼として世臣に列することが、特に認められている。

二人目は大須賀重田《おおすがしげた》という女性である。彼女は大須賀伝左衛門（板倉越中守家臣）の娘で、宝暦年中（一七五一～一七六四）に土井家に御中老として召し出され、安永六年（一七七七）十二月には、老女に取り立てられている。

この老女は藩の奥向きの最高責任者であり、同九年十二月には家中の近藤孫四郎の三男を養子に迎え入れ、〝年来出精〟という藩への多大の貢献を認められて名跡御立を命じられている。そして新家創設を契機に、名も大須賀から津守《つもり》と改め津守 巌国鎮《いわおくにやす》と称し、十石三人扶持という士分では下位の俸禄であるが、世臣に列している。その後、国鎮は職務に精励したことにより新知八十石という異例の昇進を果たしている。

三人目は奥田増尾《おくだますお》という女性で、彼女は奥田伊兵衛（大和国十市郡《といちぐん》高田村郷士）の娘で、八代藩主利里時代に老女として召し出され、十代利厚時代に〝年来出精〟の功労に報いるため、藩は新家として名跡御立を特に認めている。そして文化二年（一八〇五）、養子を迎えて新家を創設している。新当主は奥田勇助尚教《ゆうすけひさのり》で、家禄は七石三人扶持と士分では最下層であるものの、世臣に取り立てられている。

以上武家社会における女性の活躍を簡単に述べてみたが、たとえ男性社会にあっても、藩への顕著な貢献があれば、男性同様、藩では女性にもしかるべき処遇はするという証でもあろう。

筆頭家老小杉長兵衛のこと

古河市本町二丁目に曹洞宗の名刹大聖院《だいしょういん》がある。同寺院は藩政時代より土井家家臣の多くが菩提寺としていたことから、現在でも藩士の墓碑をみることができる。

同寺院の参道を行くと無縁仏の大きな墓碑群がみられる。この中に江戸時代初期頃のやや大きな墓碑がみられることから、筆者はいったい誰の無縁墓碑なのだろうか……と好奇心から調査してみると、墓碑銘に俗名小杉道長、没年が正保二年（一六四五）十二月十二日と刻されている。

すぐに同人は土井利勝時代の〝寛永十九年分限帳〟にある、二百石取の小杉弥

小杉長兵衛（監物）肖像
（小杉乃帆流氏蔵。『古河史蹟写真帖』より）

右衛門であることが特定された。これを皮切りに小杉一族を調査していったところ、藩政時代の実に意外な事実が判明してきたのである。

天保の「親類書」によれば小杉家の初代は弥右衛門秀長という人で、土井利勝時代に知行三百石で召し出されている。そしてその子である二代目に至り、長男弥右衛門道長と二男長兵衛春長の二家に分かれ、共に土井家臣となっているのである。「親類書」には小杉姓が五家あるがいずれも一族で、三家は二男長兵衛春長系の分家である。

二男長兵衛春長は若くして土井利勝へ御小姓二百石取で勤仕、のちに累進して二千百石取の家老となった、いわば立志伝中の人物である。彼の活躍については「大日本近世史料」(肥後熊本藩細川家史料)にもその重鎮ぶりが記されている。二男長兵衛春長系の小杉家は、代々土井本家の重臣として明治維新まで仕えている。

ところが「親類書」中、小杉長兵衛、小杉範蔵の部分をみてみると、二男長兵衛春長が兄となり、長男弥右衛門道長が弟として記されている。これは二男長兵衛春長系が代々重臣となり家中では〝大小杉〟と呼称されていたことから、これに相応しいように系譜書を故意に操作していることが今日わかっている。

驚くのは古河藩士の中には、これらを極めて客観的に冷静な目でみていた者もいて、〝安永九年(一七八〇)家禄帳〟には、

　◦小杉弥右衛門弟

一　高二千百石　　小杉長蔵

　慶長十五年四月

　▲利勝君佐倉御領知御拝領之砌、御児小姓被召出段々御加増成長ノ後、御

　　家老職長兵衛改名……

　と、小杉本家を継いだ小杉長兵衛（幼名は長蔵）については「小杉弥右衛門弟」と記し、あくまで本家ではなく、分家であると釘をさした藩の公式記録もある。

　これらのことから、現在菩提寺大聖院の参道脇の無縁墓碑群にある弥右衛門道長の墓こそが小杉家の本家嫡流に相違なく、互いの土井家内の勢力関係から本家分家関係が逆転したものと考えられる。

2

土井家をつないだ九人の藩主

お家断絶のあとに古河七万石を新知された利益以来、鳥羽への転封、唐津への移封、そして古河への再封を経て、江戸後期、土井利位という〝雪の殿様〟が登場する。

利益からの方針を継承

筆者は二章、三章で藩祖利勝から利益《とします》が土井本家の五代藩主に就任するまでの藩の動向を扱った。ここからは五代藩主利益から第十四代利與《としとも》の明治期までの藩の動向をみていきたい。

五代藩主利益就任後、利益及び藩の首脳らがどのような指針（路線）で藩の運営に対処していったのか、……実は確かな記録はなく想像の世界でしかない。

当時下総古河七万石でも全国どこの藩でも、領内における新田開発による年貢米の増収、商工業等の振興策による運上金、冥加金の増収、また領内特産品を藩が独占して利潤を獲得するなど藩の運営に努力していたに相違ないであろう。

ところで土井本家で五代利益時代頃、幕府では四代将軍家綱から五代将軍綱吉時代になると、幕藩体制も安定し磐石《ばんじゃく》なものとなっていた。幕府も諸大名も安定化路線を歩むこととなり、大名家の取り潰しも漸次《ぜんじ》減少しつつあった。このことは諸大名の所領も現行のまま、将来もそのまま推移することを意味していた。つまり幕藩体制が一旦安定してくると、幕府としてもみだりに藩を取り潰して世情に不安や混乱を招くことは、当然控えることとなる。

こういった武家社会を背景に五代藩主利益をはじめとする首脳らは、古河藩をどのようにすれば藩政時代を生き抜くことができるのか思案したに相違ない。

前述したことから筆者は利益の本家相続期から〝土井家のリストラ路線〟として、いわば次のような方針が藩に存在したのではないかと推測している。

㈠藩として知行取以上の家臣の新規召し抱えはしない
㈡藩として家臣の家禄（本高）の加増はしない
㈢藩として家臣の分家創設は認めない

ここで少し説明をしておくと、まず㈠については、土井家家中で知行取とは、八十石以上を指しており、藩としては知行地七万石が当面の基盤と考えていたと思われる。そしてこのまま推移するとして、家臣の知行取を新規にどんどん召し抱えていけば、藩財政は逼迫し、ついには破綻することとなるであろう。

㈡については、士分以上の家臣にはそれぞれ家禄（本高）があって、この家禄より上の役職在職期間のみ、役高（足高）が支給されていた。例えば家禄百石の者が役職二百石の御先手物頭に就いた場合は在職中のみ、差額の百石を藩から支給されるものである。

だから家臣の家禄（本高）の加増は滅多なことでは行われなかった。

土井家の中で本高が加増となった実例としては鷹見泉石《たかみせんせき》があげられる。彼は古河藩の家老であり蘭学者で、実名は鷹見十郎左衛門忠常《ただつね》（一七八五〜一八五八）である。彼の本高ははじめ二百五十石であったが、土井本家十代藩主利厚が一万石加封《かほう》を受け八万石になったことで藩から三十石の加増を受け、本高は二百八十石となった。その後弘化二年（一八四五）に江戸家老として藩主利厚、利位を補佐して藩に格別な貢献をしたことが認められ五十石加増となり、本高が三百三十石となっている。ただし、十代藩主利厚が文政五（一八二二）年三月に一万石加増となったため、これに伴い家臣にも加増が行われた。藩ではこの時以外、家臣の加増はほとんど実施していない。当時五十石の加増は土井家家中では異例のことである。

鷹見泉石については土井家、古河藩の範囲を超えて全国的にも比肩できる者がいないほどの人物である。彼の家老としての藩への貢献が顕著であって、家中でも本高への加増について異議を唱える者がいなかったものと思われる。

先に説明したように藩は滅多なことでは家臣の本高の加増はやらない。

一方で知行取の藩士としては本高の加増は滅多にないものの、職務上はもちろん私生活においても不調法や失態があれば、当然役職を罷免されたり、家禄の召し上げをされたりすることは往々にあることである。

例えば、これは古河藩でなく土井家が肥前唐津藩主時代の事件であるが、寛保《かんぽ》三年（一七四三）四月七日、唐津城御櫓において白塩焇玉《はくえんしょうぎょく》（火縄銃の弾薬）等を紛失して、関係者は藩から管理責任を厳しく問われた。

御先手物頭持筒頭《じつつかしら》（鉄砲隊の指揮官）の関係者——坂本茂作全久《さかもともさくみつひさ》（三百石）、千賀伊右衛門可英《せんがいえもんよしひで》（三百石）、秋田孫左衛門重雄《あきたまござえもんしげお》（二百石）、浅賀建左衛門忠意《あさがけんざえもんただつぐ》（百石）はいずれも役職を罷免された上、さらに家禄半知召し上げという烈《はげ》しい処分を申し渡されている。

これは大変由々しき事態であり、藩との関係がさらに拗《こじ》れたりすると家禄が半知のまま固定することもあり得る。この関係者はいずれも延享三年（一七四六）正月十一日藩から赦免《しゃめん》となり、幸いにも本知が回復されたので何とか難を回避できたが、藩士らにとっては生きた心地はなかったであろう。

また当時は現在に比較して一般に病等での死亡率も高く、当主が死亡しても世継ぎがなければ絶家となるとか、当主が幼少ということで家禄が減封されるケースも多かった。

㊂については古河藩は家禄三百石以下がほとんどであり、そもそも分家を出すほど禄高はなかった。しかしながら藩としては家臣の分家が多くなることは当然

家臣数が増すこととなり、財政的な負担を回避することから家臣の分家創立についても藩は消極的であった。

もし藩として㈠㈡㈢の基本路線があったと仮定すると、知行取の家臣数、家臣団知行高の総高については世襲制であることから、これらは長期にわたれば次第に減少するものと予想される。つまり藩は積極的に家臣らにリストラ策を打ち出さなくとも、長期的には自然と知行取の家臣数、家臣団知行高の総高は漸次減少していくことが予想される。

その予想に基づいて筆者が調査した結果はどうであるのか、以下具体的にみていきたいと思う。

①は延宝八年（一六八〇）、土井本家五代藩主利益がさる延宝三年に下総古河藩七万石を家督相続してより家臣団の再編を終えた頃の家臣団構成。

②は延享元年（一七四四）、肥前唐津藩七万石六代藩主利実時代の家臣団構成。

③は再び下総古河に再封され八万石となった天保十一年（一八四〇）、十一代藩主利位時代の家臣団構成。

④は明治二年（一八六九）版籍奉還の直前の十四代藩主利與時代の家臣団構成。

ここで少し具体的にみていくと、①と②の比較では、利益時代の高禄者東平右衛門千石、百々弥兵衛六百六十石、松下左兵衛六百石、小杉甚五郎二百六十石、児島助右衛門二百二十石等が退藩となった他、小谷治左衛門が九百四十石から五

家臣の知行高

石　高	①延宝８年	②延享元年	③天保11年	④明治２年
3,000石以上	1	1	1	1
2,000石以上				
1,000石以上	2	1	1	1
500石以上	6	2	3	3
450石以上	1			
400石以上		1		
350石以上		2	1	1
300石以上	2	10	7	8
250石以上	12	7	11	10
200石以上	19	22	10	10
150石以上	39	30	29	27
100石以上	52	61	50	40
50石以上	32	16	12	11
50石未満	52	58	79	95
計	218	211	204	207
知行高総計	32,554石	28,667石	25,509石	24,002石
扶持高総計	369人扶持	645人扶持	857人扶持	962人扶持
藩の公称高	70,000石	70,000石	80,000石	80,000石

百石へと減封となったことから知行高総計も三千八百石余も減少している。

このように利益時代は主要家臣が退藩となったことから、利益は奥、池田、藤懸、鈴木といった、のちに土井家の中核となる重臣を新たに召し抱えている。

しかし次の六代藩主利実から明治まで、土井家で新たに召し抱えられて家臣の中で御用人、御家老といった重臣に出世する者は一人も輩出していない。

「唐津は豊饒の地」は言い訳⁉

ところで肥前唐津藩七万石時代——唐津領は豊饒地として知られ、古河領と比較して同じ七万石でも実高は相当な違いがあって、一説では実収は二十五万石もあったと言われる（『小山市史　通史編Ⅱ　近世』四一三頁）。また土井家史料にも『諸御触記』の安永二年（一七七三）十月一日の条に「当地御領地は凡唐津之半減ニ相成候上」とみられる。

はたして実態はどうなのかであろうか。

もし唐津領が豊饒の地であるならば、②延享元年（一七四四）の家臣団数及び知行総高が、①延宝八年（一六八〇）の家臣団数及び知行総高をいずれも下回っているのは、同じ七万石であることから奇異なことではないだろうか。

むしろ唐津藩が豊饒の地というのであれば、自ずから年貢収入も多いことから、むしろ家臣団数及び知行総高は古河藩時代を上回るのが自然である。また『唐津市史　復刻版』をみても、唐津が豊饒の地であるとの記述は特に見あたらない。

この点において最も確かな史料となると『藩制一覧』である。これは明治初年(一八六八)新政府の太政官が、全国の諸藩に対し「其藩の草高、税目、税額、人口、戸数、社寺数等」の調査を命じ、明治二、三年にわたり各藩より上申をさせたものである。現在明治初年当時の国勢を知る唯一の史料で貴重である。

この『藩制一覧』によれば、唐津藩は

- 表高　　六万石
- 草高(実高)　六万四千七百三十五石
- 実収高　　二万五千九百三十四石

とあり、一方古河藩は

- 表高　　八万石
- 草高(実高)　十万一千二百五十七石
- 実収高　　二万五千七百六石

とあって、実収高においては唐津藩と古河藩とでは決して大きな差異はない。

これらのことから「古河藩土井家史料」の中で、『諸御触記』の安永二年(一七七三)十月一日の条に「当地御領地は凡唐津之半減ニ相成候上」とあるのは、八代藩主利里が自らの栄達のため藩の経費を多く獲得するため、家臣団の俸禄の減封の口実に利用した公算が大とみられる。

また諸大名らは唐津藩に限らず九州の領主になることは極めて敬遠していた。これは譜代大名であっても九州に領地のある大名でいる限りにおいては、国防上の見地から老中、若年寄といった幕閣の要職には就任できなかったからである（笹間良彦『江戸幕府役職集成』雄山閣）。

増封された一万石の使い方

土井利厚（一七五九〜一八二二）は下総古河藩土井家十代目藩主で、享和二年（一八〇二）に老中となり同職を二十年以上在職し、幕府に対する貢献により文政五年（一八二二）三月に一万石加増となったことから八万石となっている。そして老中在職のまま文政五年六月に死去。

この一万石加増が土井家の家臣団構成に、どのような影響を与えているのであろうか。
②と③とで比較検討してみたい。
当時の藩領七万石については、関東領と上方とに分かれていた。

関東領分については下総、下野、武蔵の三カ国で一一五カ村となり、五万八千百十石余。

一方、上方領分については摂津、播磨、美作の三カ国で八四カ村となり、二万九千五百五十九石。関東領分と上方領分を併せて一九九カ村、八万七千六百六十九石となる。

文政五年三月の一万石加増については、下野国都賀郡《つがぐん》九カ村、同安蘇郡《あそぐん》一カ村、同足利郡三カ村、同梁田郡《やなだぐん》三カ村、武蔵国埼玉郡一〇カ村、同横見郡《よこみぐん》四カ村、同入間郡八カ村、同大里郡一カ村、同高麗郡《こまぐん》二カ村、計四一カ村で表高一万石、実高は一万三千石であったという。併せて実高は十万六百六十九石となる。

上記については、明治初年の国勢を知る唯一の史料として知られる『藩制一覧』によれば、古河藩は表高八万石に対し、実高は十万一千二百五十七石余と記されていることから、この数字はかなり正確であると思われる。

この一万石加増が藩の家臣団構成にいかなる影響を与えているのか、関心を注がれる問題である。幕臣らは将軍から知行地を拝領すると、当然それに見合った軍役等を課せられていた。例えば江戸、大坂城等の城普請や河川改修をはじめとした土木工事や合戦その他で、軍隊の派遣も将軍の命があれば従わなければならなかった。その賦役《ふえき》の基準となるのが諸大名の知行高であった。

したがって土井本家の場合でも七万石と八万石とでは、当然家臣団構成に明確な違い（変化）が予想される。

しかしこの件で土井家では、外部から新規に家臣を召し抱えてはいない。藩から分家創立が認められ新家として取り立てられたのは、家中の二男、三男で、各務《かがみ》左《さ》一郎《いちろう》政治《まさはる》一〇人扶持、津守《つもり》巌《いわお》国鎮《くにやす》八十石、斎藤《さいとう》理《り》八《はち》資貞《すけさだ》一〇人扶持、土《と》岐《き》丹《たん》次《じ》郎《ろう》頼賛《よりよし》八十石、小松《こまつ》尚七《なおしち》良翰《よしふみ》一三人扶持の五家であり、一万石加増に相応しい家臣団構成とはなっていない。

八十石は知行取としては最下層に位置しているが、ここの地位にあれば本人の精進努力いかんによっては、百五十石の御槍奉行、二百石の御先手者頭、同御郡奉行、同御旗奉行などの藩の要職への登用の可能性も期待できたのである。そして在職中には足高が支給されたのである。

つまり扶持取の下級家臣にとっては八十石の知行取になるのが、いわば出世の目標であったが、現実的にこの地位に到達するのは決して容易ではない。天保の「親類書」によれば、土岐丹次郎頼賛が「家業出精につき新知八十石」ということで、わずかに一家を数えるのみに留まる。

この時古河藩土井家では百四十年にわたり七万石のままで推移したこともあって、久しく家臣団の家禄の加増を行っていなかった。藩の意向で今まで藩に貢献している家臣の積年の労に報いるためにも、家禄の加増を行うこととなった。

この家禄加増の全容は天保の「親類書」から明らかにすることができる。

知行高の加増は二〇四家中八一家で行われ、最高は筆頭家老の小杉長兵衛輔長《すけなが》で百石加増となり、家禄一千二百石となっている。最下位は荻嶋《おぎしま》求蔵光政で四人

天保の「親類書」（秋田實氏蔵。『古河史蹟写真帖』より）

扶持であったが、三石が加増されている。知行高の加増の合計一千八百八石。
扶持の加増は二〇四家中二〇家で扶持取の加増合計は九〇人扶持。
扶持とは、主人から家来に下付した給与米の一種。一人一日玄米五合を標準に、一カ月分（三十日で一斗五升）を支給するのを一人扶持といい、身分や役職により何人扶持と数えた。この当時は一年を三百五十日として計算すると、二四人扶持が約玄米四十石となり、また知行百石も四公六民でいくと、武士の実収は玄米四十石となる。扶持取の加増合計九〇人扶持はおよそ四百石なので、知行高の加増の計一千八百八石と合わせて二千二百石である。

このようにみていくと、文政五年（一八二二）三月に一万石（実高一万三千石）加増された結果、藩としては家臣の俸禄の加増は二割強程度しかしていない。つまり藩は一万石加増の八割、いわばほとんどを、藩自身の経費に充当していることはほぼ確かである。

しかもこの恩恵に与ったのは士分以上主要家臣二〇四家中、一〇一家であって半分に満たない。また加増割合についても決して一律ではない。家臣の俸禄加増の対象者を、また加増割合についてをどのように決定したのか。これらの関係については現在でも明らかにされていないところも多く、今後の解明が待たれるところである。

武士像の変遷

藩体制の発端はそもそも戦国大名下の軍隊であり、それが幕藩体制の成立とともに家臣団の職務が、領内において一般行政を担当する役方と、常備的な軍事に従事するいわゆる番方とに分化していき、藩政全体では前者の役割がより重要視されるようになっていった。しかしながらそのような時代となっても、個々の家臣は原理的には藩全体をあげて組織した軍隊の構成員として位置付けられていた。

土井家の場合も他藩同様に藩祖利勝時代の藩構成は軍隊そのものであって、正規構成員とは若党、中間、小者等を従えたあくまで騎馬武士であって、この直参と陪臣とをもって正規軍としていた。それ以下のいわば歩行兵（鉄砲、弓、槍の各足軽等）の雑兵はあくまで戦闘補助要員ということで正規軍（体制の構成員）とはみなしていない。

例えば〝土井家史料〟に「利勝公家士大坂首帳」があるが、これは利勝時代大坂の陣において敵方の首級をあげたものを記録したものである。大坂の陣後、利勝は家臣のとった首を実検して論功行賞を行っている。しかし利勝は騎馬武士以下の歩行兵については、あくまで戦闘補助要員で正規兵でないという扱いで、そもそも論功行賞の対象としていない。

しかし土井家内の騎馬武士について「家臣団分限帳」等で史料的な裏付があるのは、二代利隆時代までで、それ以降は皆無のようである。ただ天保十一年「親類書」における個々の家臣らの記事の中に散見することができる。それによると土井家では藩政時代後半は、家臣で二百石未満の知行取が二百石以上の役職に就任した場合、藩はその差額である足高分を馬持料《うまもちりょう》として支給していたらしい。

例えば天保十一年「親類書」をみると家禄二百石以上の家臣数は三四家に過ぎず、当時の足高分を考慮しても四〇家に満たない。騎馬武士の家臣数について初代利勝、二代利隆時代では、三〇〇〜四〇〇といった数字が記録にあるが、江戸後期になると果たして四〇にも満たなくなるのではあるまいか。

この背景には豊臣家滅亡以来、いわゆる〝元和偃武〟という泰平の世が長く続き、その一方で武士階級が経済的に困窮してきたことがあるものと考えられる。つまり泰平の世に兵馬を養うということは何かと物入りが多く、この経費を他の交際費等に充てるようになっていったものであろう。

また幕末頃の古河藩八万石時代の土井家の家臣数については「土井家中約千戸と称し、古河在住が約七〇〇、江戸在住が約三〇〇、平野陣屋在住が約三〇といわれていた」(千賀覚次『古河藩のおもかげ』)。これについては『明治政覧　日本帝国形勢総覧』によれば士卒人員一〇二三人とあり、この数字が極めて正確であることも判明している。

大坂城代土井利位と大塩平八郎の乱

古河藩土井家十一代当主利位《としつら》は、寛政元年（一七八九）土井家の支藩である三河国刈谷藩主土井利徳《としのり》の四男として生まれる。文化十年（一八一三）に十代藩主利厚に養子に迎えられ、文政五年（一八二二）に家督を継いで第十一代藩主となる。利位は奏者番、寺社奉行を歴任後、天保五年（一八三四）四月に大坂城代を拝命している。そして利位が大坂城代に在職中に有名な〝大塩平八郎の乱〟が勃発したのである。

この事件は天保八年二月十九日に、大坂城下で大坂町奉行所の元与力大塩平八郎（中斎）とその門人らが起こした江戸幕府に対する反乱である。

この時代は天保の大飢饉により、各地で百姓一揆が多発していた。大坂でも豪商による米の買い占めなどで極度の米不足が起こり餓死者も出現した。この事態に大坂町奉行所の元与力であり陽明学者でもある大塩平八郎は、奉行所に対して民衆の救援を提言したが、拒否されている。怒り心頭の平八郎は、飢饉に苦しむ民衆を救うため「救民」を旗印に豪商らに対して天誅を加えるべしと武装蜂起したのであった。

この大塩平八郎の乱については、平成元年（一九八九）六月にＮＨＫ「歴史誕

土井利位肖像（正定寺蔵）

生『配達されなかった三通の密書――真相・大塩平八郎の乱――』」が放映され全国の視聴者に大きな反響を与え話題となったことがある。

天保八年二月十九日の乱蜂起から二週間が経過した三月五日、伊豆韮山の山中で、おびただしい書状類が散乱しているのが発見された。時の伊豆韮山代官江川太郎左衛門英龍《ひでたつ》（坦庵《たんあん》）が調べてみると、これが何と大塩平八郎が幕閣に宛てた密書であり、なぜか配達されずに山中に放り出されていたのであった。

大塩の密書は大坂での武装蜂起の前日の二月十八日に江戸に向けて発送されたが、江戸城ではなぜかこれが受理されず未開封のまま、三月二日に大坂に向けて返送されている。そして大塩の密書は三月四日、飛脚人の藤蔵が途中で急病となったため、同人から知人の無宿人清蔵に託されたのであった。しかし無宿人清蔵は荷物内に金品があるのではないか……と、伊豆の山中で勝手に荷物を開封したものの金品はなく、密書を開封し放置したまま現場から逃亡したのであった。

この密書は、徳川御三家の水戸藩九代藩主徳川斉昭《なりあき》宛、幕府儒官林述斎乗衡宛と老中方（大久保加賀守、松平和泉守、水野越前守ら）宛の三通が存在していた。

実はこの密書には当時の要人らがひそかに行っていた不正の告発（無尽《むじん》における不正）が記されていた。しかもこの告発には不正の証拠となる帳簿が添えられていた。大塩が押収した帳簿には巧みな操作がされており、一見してもなかなか不正は見抜けないが、大塩の手により不正と思われる点には朱書きによる加筆が

大塩平八郎肖像
（大阪城天守閣蔵。『週刊朝日百科　日本の歴史 90』より）

「市街戦の図」
（大阪市立博物館蔵。『週刊朝日百科　日本の歴史90』より）

大塩平八郎召捕棒
（古河歴史博物館蔵、鷹見泉石資料、国重要文化財）

なされていた。大塩自身は大坂町奉行所の元与力で犯罪捜査にかけてはまさにプロで、この告発には強力な説得力があったことから、幕閣の要人には大変な衝撃を与えたのである。

　実はこの密書発見により〝大塩平八郎の乱〟の性格は、従来の飢餓に苦しむ民衆を救わんがために「救民」を旗印に武装蜂起したというだけではなく、真の狙いは幕閣要人らの不正疑惑の糾弾であったと思われ、当時の幕閣要人らをも巻き込んだ一大疑獄事件の様相を呈していったのであった。

泉石は知っていた

　平成十四年（二〇〇二）三月に『鷹見泉石日記』が公刊され、初めて同日記の内容が一般公開されたが、その際筆者が最も注目し衝撃を受けたのは、天保八年（一八三七）四月十日の日記であった。

『鷹見泉石日記』の天保八年（一八三七）四月十日の条★をみてみる。

「庄左参」とは、当時大坂城代で下総古河八万石藩主土井大炊頭利位の家臣、川島庄左衛門餘（当時大坂城に赴任中、御先手者頭二百石）が、上司で家老の鷹見泉石のもとを訪れたことを指している。

「内藤隼人正」とは当時勘定奉行であった内藤隼人正矩佳《のりよし》を指している。当時

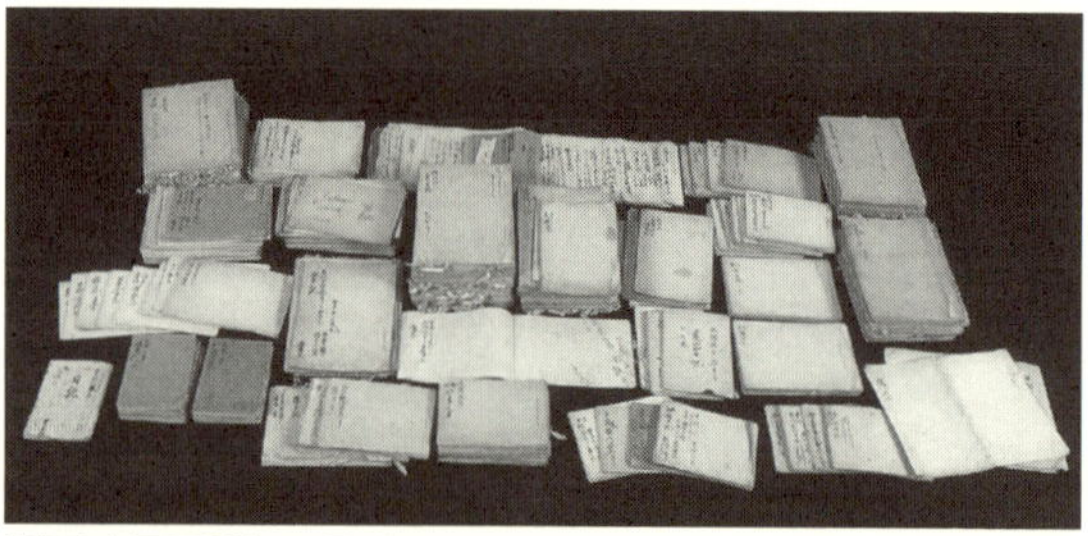
『鷹見泉石日記』126冊（『鷹見泉石展　国宝のモデルが集めた文物』より）

▼庄左参、大塩より御老中宛、林大学様へ遣候書状、伊豆国江川太郎左衛門様御代官所ニて、飛脚之者切解候を太郎左衛門様より被差出、水戸様ニも御用人宛書付有之、水戸様御老中様方等も悪敷認、此方様杯も同様有之、為御一覧、内藤隼人正様より跡部様え参候付被差出候由

天領における公事方の訴訟関係を担当していた。また「跡部様《あとべ》」とは跡部山城守良弼《よしすけ》で当時大坂町奉行に在職中で民政、行政、司法を管掌していた。内藤、跡部ともに幕府旗本である。

大塩平八郎の乱終結後、大塩の密書は伊豆韮山の代官江川太郎左衛門英龍により報告書として幕府へ届けられ、さらに幕府から関係者に伝えられたものとみられる。

四月十日に至って、大坂城代土井利位の家老鷹見泉石のもとに部下の川島庄左衛門餘が訪れて、先の乱の首謀者大塩平八郎が武装蜂起直前に老中宛に差し出した密書があったことを報告したのである。この際、泉石も大塩の密書を直接一覧したようである（原本でなく写本であろう）。

この大塩の密書については当時トップシークレットの情報であるが、日記によればかなり正確に伝えられていたことが判明する。これについては大坂城代土井大炊頭利位から配下の勘定奉行内藤隼人正矩佳へと、さらに大坂町奉行跡部山城守良弼へと、関係者に順次伝えられていった。

注目点は大塩の密書をみた泉石自身が「此方様杯《など》も同様有之」と記した点で、大塩の告発した幕閣らによる構造汚職事件に、主君である大坂城代土井利位も深くかかわっており、悪しき人物として糾弾の対象であったらしいことである。これには泉石をはじめとする家臣らの心中も決して穏やかではなかったと思われる。

これも古河

土井利位と古河領内巡村

古河藩主土井利位は、天保十五年（一八四四）十月、病を理由に筆頭老中職を辞職している。しかし『鷹見泉石日記』によれば、利位はこの時点で家督を譲り現役を引退したわけでなく、翌年の弘化二年（一八四五）九月には、国許古河城に帰城し文武奨励、領内巡村、検分などを精力的にこなしている。この時は、江戸家老鷹見泉石が、藩主利位に随行して補佐している。

弘化二年（一八四五）九月二十五日、藩主利位は、古河藩の藩校盈科堂にて家臣たちの弓術をご覧になっている。

翌二十六日利位は古河城に登城、主要家臣を前に幕閣時代、藩主を支えた家臣たちに論功行賞を行い、新たな人事も発令している。その後利位は藩校盈科堂に出向き、家臣の子弟らの学問風景も検分している様子である。これは学者殿様の一面であろう。

十月十八日には領内巡村のため、川辺村（現加須市北川辺）、新郷村（現古河市）を巡村している。利位は長く幕閣にあって多忙により国許古河城に帰城することもままならず、今般ようやく要職から解放されたこともあって、領内巡村することでいろいろと支援してくれた領民に対し、謝意を表すことも目的であったと思われる。

鷹見泉石筆「原町口より古河城下真景図」。土井利位は城下を出て、領内を巡村した。左上には黒髪山こと日光男体山も見える。（国指定重要文化財、古河歴史博物館蔵）

利位は、古河城内の自邸の玄関先からお駕籠にてお発ちになり、その他では大浦椿寿（御側医一五人扶持）のみがお駕籠でのお供を許されている。

家老の鷹見泉石をはじめ早川柯一郎、小谷治左衛門、藤掛鉛太郎らの主要家臣は、馬でのお供となっている。

同城の船渡しから船に乗り渡良瀬川を渡る際、筆頭家老小杉長兵衛も加わり、柳生、飯積、本郷などでは名主がそれぞれ説明し、休息所、昼食所が事前に準備され、藩主側近の小納戸役から関係者に菓子が振る舞われたため、いただいた者は相当感激したらしい。

また利位は、漁民らの引き網により狩漁された鯉、はや等をご覧になっている。藩主利位一行は川辺村の領民との交流で時間超過となり、この日の新郷村への巡村の予定は取り止めとしている。

この日記をみると藩主利位は領民との関係は極めて円満であり、和やかな雰囲気を今に伝えている。

◇3

古河の藩学と文化人たち

利益は唐津時代に藩校「盈科堂」を創立し、その教育への情熱は六代利実も継承、土井家が古河再封後にも「盈科堂」を設け、ここから河口信任、鷹見泉石といった一流の人物が排出された。

奥東江と〝奥流の学〟

土井本家では、五代藩主利益が大変教育熱心であったといわれている。利益は延宝三年（一六七五）に古河藩七万石を家督相続した後、天和元年（一六八一）に同じ七万石で志摩鳥羽に転封となっている。

藩主利益はこの鳥羽藩主時代に医師で儒者としても名声のあった近江国蒲生郡《がもうぐん》の奥清兵衛《せいべえ》正命《まさみち》を、知行百五十石で召し抱えている。正命は「奥東江」と自ら号し、その教えは「奥流の学」と称され、藩主利益をはじめ家臣らも熱心に講義を聴いていたという。

元禄四年（一六九一）、藩主利益は志摩鳥羽から肥前唐津に転封となるに及んで、正命は近江国蒲生郡には老母がいることから、自ら藩主へ辞職を申し出たが許されなかった。しかし藩主利益は正命に対し毎年の帰郷を特に許している。藩主利益から正命への信任は厚く、当時藩医や儒者は僧侶同様に頭髪を剃っていたが、同七年藩主利益より束髪《そくはつ》を命じられ、併せて五十石加増され二百石取の御使番長《なが》崎《さき》聞役《ききやく》を命じられている。

こうして正命の学は実際に政治の場で実践されることとなったのである。正命はさらに藩内において重んじられ、御用人役、御番頭格（家老の次席）まで昇進し、十四年に至り利益からようやく隠居が認められている。そして宝永元年（一七〇四）近江国蒲生郡の郷里でその生涯を終えている。

藩政時代の土井家内において正命のように一介の新参医師、儒者が藩主から寵遇され、譜代の古参を差し置いて異例の抜擢を受けた例は他にない。以後奥家の子孫は代々土井家重臣に列し、明治期まで存続している。

儒教の攻防とオランダ流

五代藩主利益死去後、六代藩主には嫡男利実がなったが、この利実も父利益の遺志を継いで学問に熱心であった。この利実は享保九年（一七二四）唐津に藩校「盈科堂《えいかどう》」を創設し、藩の師弟の教育に尽力している。

ところで利実は奥東江の亡き後、江戸藩邸に儒者として朱子学派の稲葉迂斎《うさい》を

土井利実の揮毫による盈科堂の扁額
（私立盈科学校蔵。『古河史蹟写真帖』より）

招聘したが、国許の唐津には同じ儒学でも実学派の奥東江派が依然勢力を占めていた。このため藩内において儒学の両派による勢力争いが発生し、これが藩運営の主導権争いにまで波及していったのである。

この権力闘争では江戸藩邸の稲葉迂斎派が優勢で、享保十四年二月、国許の奥東江派で家老吉武九郎兵衛宗長（家禄四百石）と家老堀八左衛門重敬《しげたか》（家禄四百石）は、ともに不調法を理由に〝御役御免隠居〟を申し付けられ、しかも家禄も半分召し上げという過酷な処分を受けている。この背景には藩主利実は江戸藩邸にいるため、利実が江戸の稲葉迂斎派の意を受けて、国許の家老らを弾圧する方向に動いたということがある。

この儒学の両派を発端とした藩内の権力闘争は、元文元年（一七三六）に六代藩主利実が死去すると、さすがに後ろ盾を失った稲葉迂斎も退藩せざるを得なかったようだ。

この問題で藩士らは辟易したに相違ない。以後古河藩において、儒学問題が勃発することはなかったのである。

ちょうどこの頃江戸では、八代将軍徳川吉宗主導による幕政改革〝享保の改革〟により洋書輸入が一部解禁されたことから、長崎の出島からオランダ流（洋式）が盛んに輸入されつつあった。先の儒学の問題で辟易していた藩士らにとって、先進地の蘭学に傾倒する大きな契機となったのではないだろうか。

千賀覚次画「盈科堂・教武所の図」
（『古河のあゆみ（写真集）』より）

七代藩主には一族で幕臣土井利清《としきよ》の長男利延《としのぶ》を養子に迎えたが、延享元年（一七四四）二十五歳で死去した。このため八代藩主には先代利延《としのぶ》の弟である利里を養子に迎えている。

原双桂の招聘

八代藩主利里は奥東江、稲葉迂斎亡き後、藩の儒者として原双桂《そうけい》を招聘している。

この藩医で儒者の原双桂は、漢方医の山脇東洋《やまわきとうよう》と親交があり、延享二年（一七四五）に京から肥前唐津藩への赴任の際、東洋は親友の双桂に対し、「このまま京に留まれば必ずや大成するであろう。唐津のような僻地に赴任するのはあまりにも惜しい」と嘆いたといわれる。

双桂は伊藤東涯の高弟でもあり、唐津の盈科堂（藩校、学問所）で藩の多くの子弟に教授した。

土井家は八代藩主利里に至って宝暦十二年（一七六二）九月に、肥前唐津より下総古河へ同じ七万石で念願の再封を果たしている。この時原双桂は唐津から古河への移封の途中、わざわざ京の山脇東洋を訪ねている。そして双桂と東洋は十八年ぶりの再会を果たしている。東洋は三年前の宝暦九年に日本最初の解剖書

『蔵志』を発表した直後で、当時彼の医師としての名声は全国に鳴り響いていた。

その東洋は親友の双桂に対し「君だけの名士を唐津や古河といった僻地ばかりに追いやるのは天命とはいえ誠に惜しい」と非常に残念がったという。この時双桂は東洋から『蔵志』を直接贈られたようである。

なお、原双桂は通称を三右衛門と称していた。この原三右衛門の名前で、唐津から古河への移封時に古河城郭内に屋敷が存在したことは間違いない。

国替の際、前藩が移封後、古河城下の家臣屋敷については、それぞれ身分相応の屋敷を割り当てられ、これを記した史料が、「所替付家中屋敷割帳（宝暦十三年）」である。

この中に「御城内　松井図書跡　原三右衛門」と記されており、これにより当時、原双桂が家中にいたことが確認できる。

また土井家が先に唐津時代に創設した藩校「盈科堂」は、移封後も古河城内に移設され、引き続き原双桂が学監《がっかん》（校長）の要職を担っている。

ところで漢方医の山脇東洋が宝暦九年に発表した日本最初の解剖書『蔵志』は、宝暦十二年古河移封後、東洋の親友である原双桂から先進医学資料として、古河藩の藩医の門弟らに流布していたものと考えられる。実はこの藩医の門弟に河口信任《しんにん》がいたのである。

なお原双桂の墓は、現在、都内文京区駒込の洞泉寺にあって都の指定史跡となっている。

河口信任と『解屍編』

古河藩医で国内第二の実地解剖書『解屍編』を明和九年（一七七二）に発表した河口信任を、全国的視野から当時の古河藩の学問的水準を語る上で、欠かすことはできない。

信任は土井家の御側医の家に生まれ、唐津藩時代に長崎の栗崎道意《くりさきどうい》のもとで南蛮流外科を学び免許皆伝となっている。信任は洋方医が専門で山脇東洋の漢方医とは専攻が違っていたことや、信任自身オランダの解剖書を持っていたことから、東洋の解剖書『蔵志』には、意に満たないものを感じていたに相違ない。

信任はオランダの解剖書がどれだけ正確なものか、人体解剖して直接確かめたいと考えていた。この当時国内において人体解剖は許されていなかった。そこで信任は当時京都所司代の要職にあった藩主利里から幕府へ願い出てもらい、ようやく人体解剖が許可されている。

恐らく信任は師の原双桂から、山脇東洋の国内最初の解剖書『蔵志』が上梓されるまでの過程を、かねてより聞き及んでいたことであろう。

明和七年（一七七〇）四月二十五日、京都の刑場で行われた刑屍体を、信任は

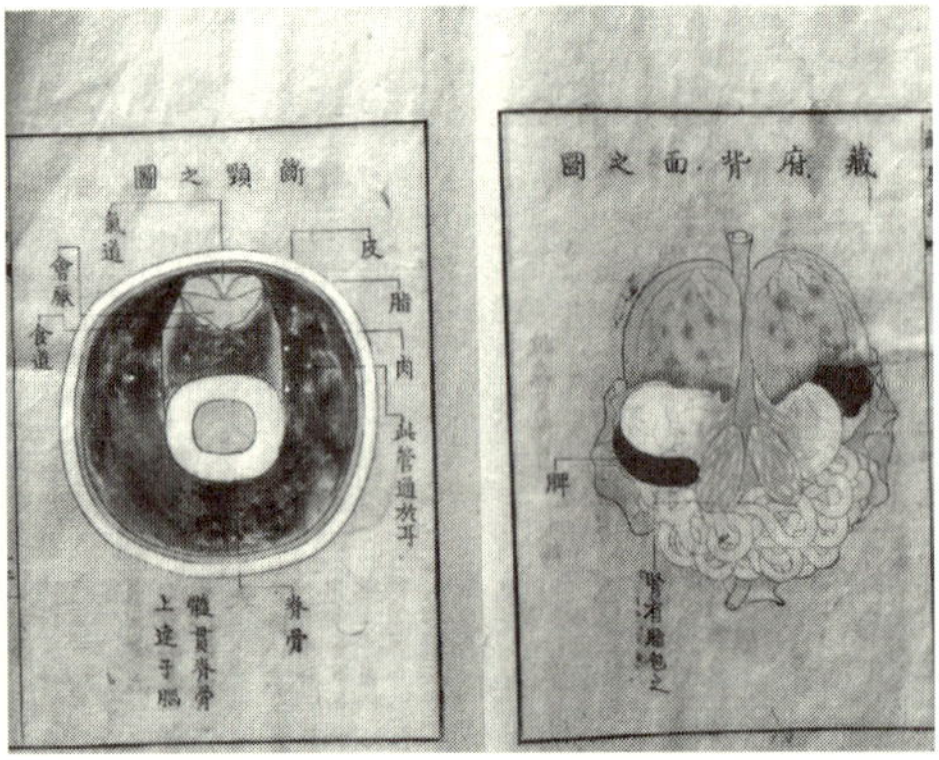

『解屍編』初版本（河口廣一氏蔵、古河歴史博物館寄託）

解剖している。そして図譜の内容は『蔵志』より遥かに正確なものとなっており、また頭部、眼球を調べ上げた国内最初の実地報告書でもある。それ以前の検屍体はどれも打ち首の刑屍であり、頭部の内景を調査できていなかった。

河口信任はこの解剖の成果を国内第二の実地解剖書『解屍編』として明和九年に発表。信任はわが国の人体解剖学の歴史に大きな足跡を遺したのであった。

河口信任が著した『解屍編』初版本、解剖刀二口、栗崎流免許状二巻、カスパル流免許状一巻等の医学関係資料八九六件は、平成十九年十一月に茨城県指定有形文化財となっている。また河口信任の墓（古河市横山三丁目本成寺）も、現在古河市の指定文化財となっている。

なお、この信任が藩内で蘭学の手ほどきをした人物には、後年高名な蘭学者となる鷹見泉石がいたのである。

ちなみに信任の直孫信順《しんじゅん》は杉田玄白の高弟で天保元年に御側医となり、藩主土井利位に仕えた。

この藩主利位の家老が鷹見泉石である。藩内の家臣仲間には画家牧田《ひらた》水石（江戸南画の大家谷文晁の弟子）があり、水石や泉石は田原藩士渡辺崋山とも親交が深かった。彼らは蘭学に造詣が深く、信順も祖父信任から蘭学の手ほどきをうけて成長したのであった。

天保十年（一八三九）五月に〝蛮社の獄〟という言論弾圧事件がおきている。

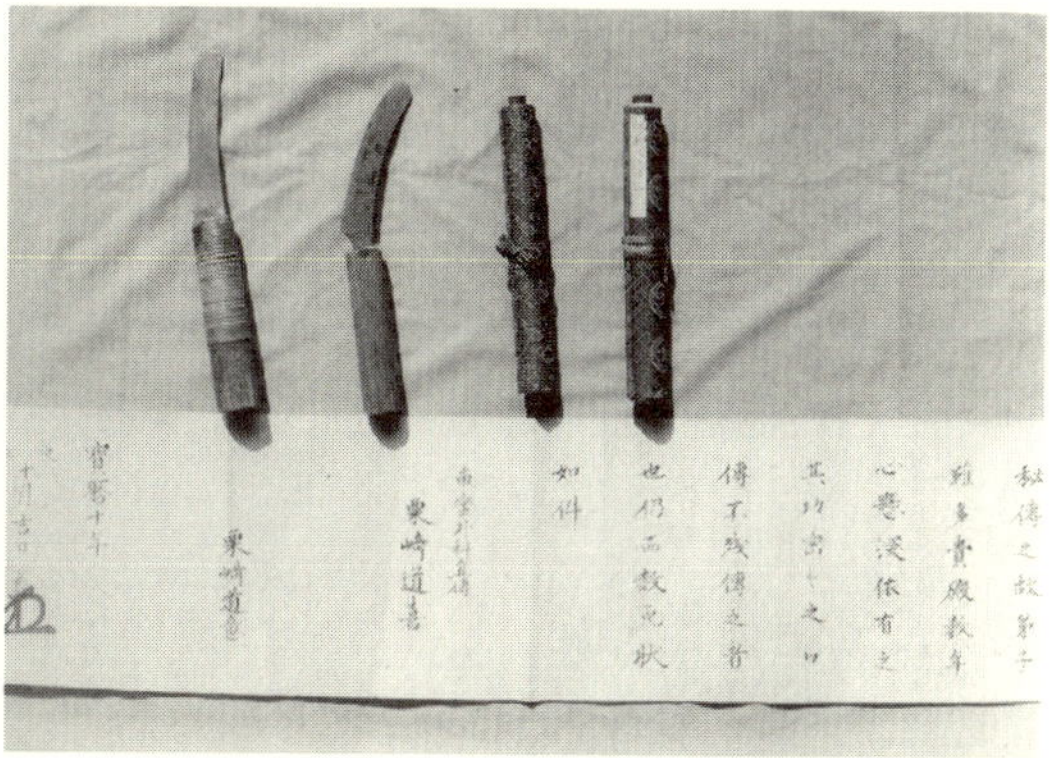
解剖刀とカスパル流免許状と栗崎流免許状
（河口廣一氏蔵、古河歴史博物館寄託）

弾圧の首謀者は〝蝮《まむし》の耀蔵《ようぞう》〟と怖れられた鳥居耀蔵で、藩主利位はこの弾圧から御側医河口信順を庇護するため、前年九月不調法を理由に御役御免として、急遽江戸から国許古河へ移らせている。そして信順は剃髪して古河城下の寺院に入り仏門に帰依《きえ》したともいわれる。

地元古河では、江戸南町奉行の鳥居耀蔵の動きを、老中職にあった利位が事前に察知し行動したものと伝えている。

嘉永三年（一八五〇）に古河藩は、全国諸藩に先駆けて家老小杉監物の三男に種痘を行っているが、これは河口信順の尽力である。

土井利位と『雪華図説』

古河藩が藩政時代二百数十年続いた中で、政治、文化などの分野でその頂点を極めた時代が天保年間（一八三〇～四四）であろう。この時代土井家第十一代藩主利位が天保五年四月に大坂城代、同八年五月に京都所司代、同九年四月に江戸城西の丸老中、同十年十二月に江戸本城の老中、同十四年には老中首座となり、まさに藩主利位が栄達を極めた時期である。

〝雪の殿様〟とも呼ばれる第十一代藩主利位は、公務のかたわら蘭製の顕微鏡を使用して、雪の結晶をスケッチしてその成果を天保三年に『雪華図説』、同十

土井利位著『雪華図説』（右）、『続雪華図説』より

渓斎英泉筆「江戸の銘木尽　押上妙見の松」（古河歴史博物館蔵）

一年『続雪華図説』として発表したのである。またこれを補佐した家老鷹見泉石の功績も見逃すことができない。

利位、泉石はともに、顕微鏡だけではなく国友藤兵衛作の国産初の反射望遠鏡を用いて天体観測し、天文学にも通じていたことも大変興味深い。

北海道大学低温科学研究所の小林禎作氏によれば「利位がいかにすぐれた政治家であったにしても、利位のなした雪の観察と著述は、単なる殿様の余技といえるものではない。《雪華図説》の内容は……格物窮理の道、今でいう物理学に通じていた人でなくては書けるものではない」という。この意味で利位は文武両道に長けた人物であったといえよう。

同氏は続けて利位がこのような研究を成し遂げた背景として、「利位に《雪華圖説》にみられるような格物への興味をもたせ、著述の背景になった人が誰であったか問題となるが、その人こそ《雪華圖説》の跋を書いた家老の鷹見忠常——泉石——であったことはまちがいない」という。

この『雪華図説』では雪の結晶を〝雪華〟と称し、この雪華模様の意匠が大変流行して、庶民から〝雪の殿様〟の愛称で親しまれていたという。また利位の官職が大炊頭《おおいのかみ》であったことから、この模様を「大炊《おおい》模様」とも呼んでいた。

この「大炊模様」は、特に江戸において、武士のみならず、庶民の間でも大流行して、茶道具や浴衣、また浮世絵や刀の鍔、印籠などに用いられ、一大ブーム

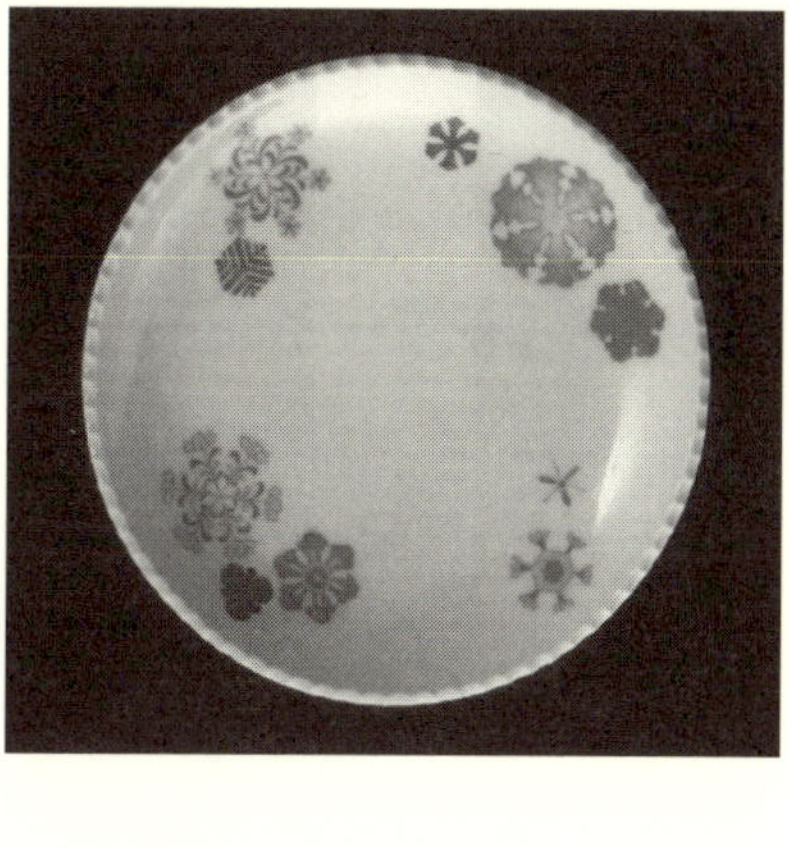

色絵雪華文皿（盛岡美術蔵。『雪の華』より）

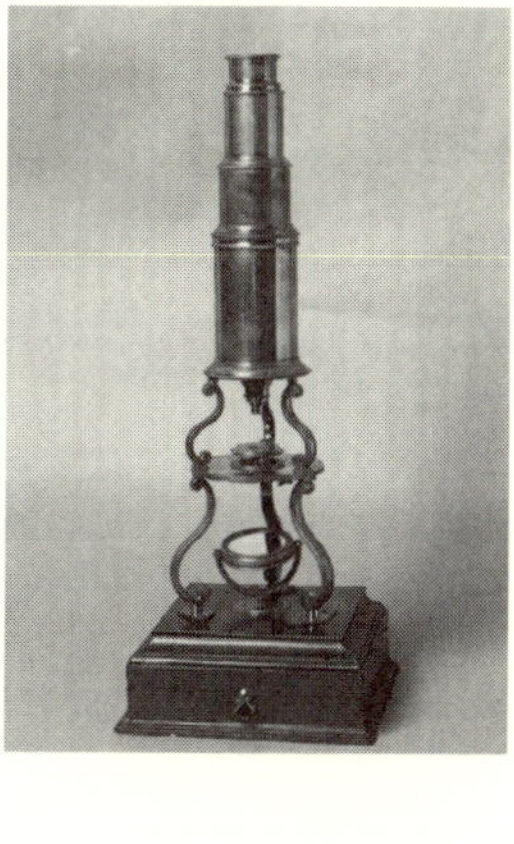

利位が使用したものと同型と思われる顕微鏡（ユニオン光学株式会社蔵。『雪の華』より）

を起こしている。

二〇〇四年の『鷹見泉石日記　八巻』刊行により、天保時代に古河藩主土井利位と家老鷹見泉石の両者が、雪の結晶を顕微鏡で観察した人物としてだけではなく、鉄砲鍛冶師で〝東洋のエジソン〟と称されている発明家一貫斎国友藤兵衛《いっかんさいくにともとうべえ》とも密接な交流があり、天文学にも大変造詣が深かったことも、今日確認されているところである。

利位とグレゴリー式反射望遠鏡

天保時代に、鉄砲鍛冶師国友藤兵衛製作による国産初のグレゴリー式反射望遠鏡が古河藩に存在していたことは、古河藩士井家史料をはじめ、その関係者の遺品や関係者の伝承などを探っても手掛かりはなく、地元の人でも知っている者は皆無であった。

これは近年の泉石日記公開によって、全く新たに現代に再発見されたのである。

国友藤兵衛は安永七年（一七七八）十月、近江国坂田郡国友村に、代々幕府御用を務める鉄砲鍛冶職人の家に生まれ、のちに一貫斎と号した彼も、家業を継いで鉄砲鍛冶師となっている。彼は本業の鉄砲鍛冶師としても頂点を極めた人物であったが、もともと才能豊かであったため、鉄砲鍛冶師では飽き足らなかった。

藤兵衛と天体望遠鏡との出合いは、文政三、四年（一八二〇、二一）頃、成瀬隼人正正壽《なるせはやとのしょうまさなが》（尾張藩徳川家の付家老、尾張国犬山藩主）の江戸邸内で、オランダ製のグレゴリー式反射望遠鏡を直接拝見したことにはじまる。

それから十一、二年も経過した天保三年（一八三二）六月から望遠鏡の製作を開始したのである。五十五歳の初老の域に至って、鉄砲鍛冶職人としても国内では頂点を極めたはずの藤兵衛が、なぜ突然望遠鏡製作を思い立ったのか、正確なことはわかっていない。しかし藤兵衛は、初めはあくまで自家用のためであって、決して販売を目的としたものではなかったが、のちに蘭癖《らんぺき》の諸大名を対象に望遠鏡の受注販売を自ら行っている（往時、飢饉が発生し、国友村では食糧を確保するための資金がなく、藤兵衛は「まだ望遠鏡は完全なものではありませんが」と断りを入れた上で、食糧確保のために望遠鏡を売る決意をした、ともいわれている）。

この受注販売の相手の大名に、土井利位も入っていたのであった。

利位は雪の結晶を観察する際、光学器械である顕微鏡を使用していたため、同じ光学器械たる天体望遠鏡にも大いに関心があったという。利位の家老たる鷹見泉石も同様で、天体望遠鏡に相当の関心をもっていたようだ。

『鷹見泉石日記』の天保七年（一八三六）十一月八日の条。★

天保七年十一月八日、国友藤兵衛は、自ら製作したテレスコップ遠目鑑（グレ

▼江州国友藤兵衛参候処、泊出掛候付自分方え差越度由候付、遣候様申来。テレスコッフ遠目鑑、弩、出来持越、取披為見候内、御城より御沙汰之由、山岸次郎八も参、仕方承候、夜五半帰、夜ニ入大雨。

ゴリー式反射望遠鏡の試作機第一号）を携えて大坂城入りしている。

この当時、古河藩主土井利位は大坂城代在職中で、家老鷹見泉石もこれに伴い大坂城に赴任していた。江州の鉄砲鍛冶国友藤兵衛は鉄砲御用のため、大坂城に頻繁に出入りをしていたことから、恐らく利位や泉石らと交流する機会も多かったのであろう。

そうした状況ゆえ、藤兵衛は大坂城代土井利位からグレゴリー式反射望遠鏡の受注をうけ、利位の家臣鷹見泉石らに、この試作望遠鏡を自ら操作して実視させることで、いかに優れた機器であるかを実証してみせたのである。

国友藤兵衛が、天体望遠鏡を土井家に納入したのは、『鷹見泉石日記』によると、天保八年八月二十二日である。

現在、国友藤兵衛製作のグレゴリー式反射望遠鏡については、日本人が初めて製作した反射望遠鏡として、国内で四台所在が確認されているようである。滋賀県長浜市国友町の国友藤兵衛の生家に一台、彦根城博物館に一台、長浜城歴史博物館に一台、長野県上田市立博物館に一台。

しかし、土井利位と成瀬隼人正に納入された二台の存在は、現在確認されていない。

藩政時代の古河藩に、国友藤兵衛製作のグレゴリー式反射望遠鏡が存在していたことは、古河藩が全国諸藩に先駆けて自然科学分野においても屈指の先進藩であったことは疑いなく、その水準の高さを示すものとしてあらためて見直すべきであろう。

頂点を極めた鷹見泉石

古河藩土井家に蘭学が興隆したことは、古河独自の郷土に根付いた風土に基づくというより、異国とりわけ蘭学の影響を受けたというのが特徴であろう。これは土井家が、肥前唐津藩主時代に代々長崎御用を務めていたことに起因するようだ。この鎖国時代唯一異国との交易を許された長崎で土井家家臣が異国文化に接して、大きく感化されたようである。また唐津藩時代の儒学をめぐっての抗争劇も少なからず影響しているであろう。

天保期、蘭学者として頂点を極めた人物こそ鷹見泉石である。小林禎作氏によれば、泉石は蘭学を古河の藩医河口信任に手ほどきしてもらったようだが、特定の師に学んだことはなく、ほとんど独学で学んだとみられるという。

泉石は名を忠常《ただつね》、通称を又蔵、十郎左衛門、またヤン・ヘンドリック・ダップルという蘭名も持っていた。彼は土井家重臣で家禄二百五十石の家に生まれ、若年の頃よりその利発さを認められ十代藩主利厚、十一代藩主利位の側近に取り立てられている。特に天保時代、藩主利位を家老として支え、藩主が寺社奉行、大

渡辺崋山筆「鷹見泉石像」
（東京国立博物館蔵）

坂城代、京都所司代、老中と昇進していく過程では、常に藩主の側にあって補佐の任をよく全うしたのである。

藩主利位が『雪華図説』を刊行できたのは、泉石の尽力が大きかったこともよく知られている。泉石は地理、歴史、兵学、天文・暦学などに通じ文物の収集に努め〝博聞強記〟とあだ名されている。鷹見家には泉石による「新訳和蘭国全図」というオランダ国全図が遺されており、彼の蘭学者の一端を垣間見ることができる。

鷹見泉石については、東京国立博物館所蔵で国宝となっている渡辺崋山（三河国田原藩士）が天保八年に描いたという肖像画が大変よく知られている。

泉石は藩への貢献により家禄三百三十石と本高を大きく加増されているが、これも大変異例のことである。

鷹見泉石関係資料三一五七点は平成十六年に国指定重要文化財となり、その全容が一般に公開されつつある。その中でも最も注目されるのは本書でも一部引用した『鷹見泉石日記』である。この日記から藩政時代における新たな新発見が、今後大いに期待されるところである。

なお鷹見泉石の墓は古河市横山町三丁目の正麟寺《しょうりんじ》境内にあって同市指定文化財となっている。

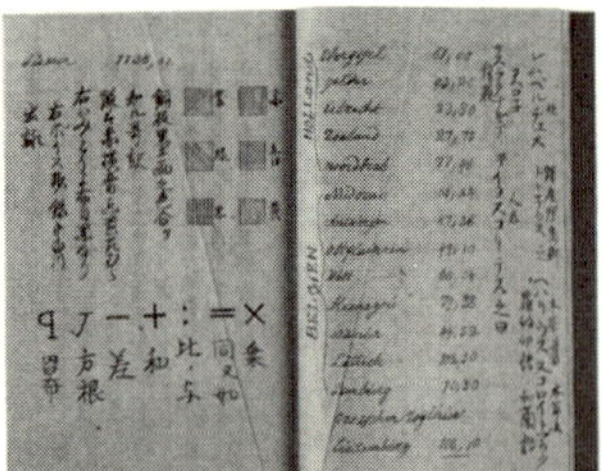

泉石編『蘭学必要』
（古河歴史博物館蔵）

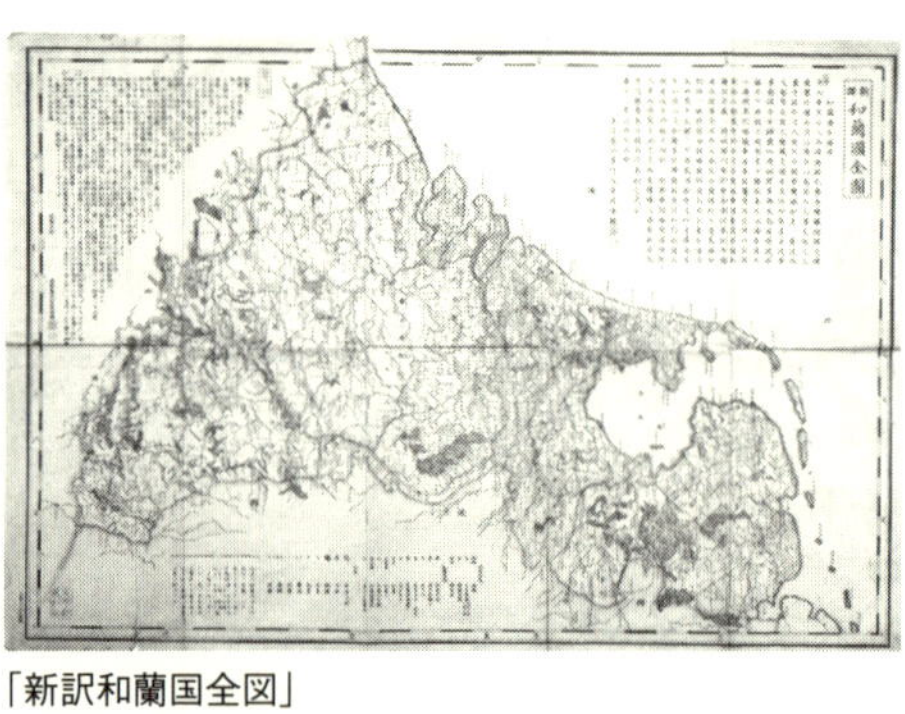

「新訳和蘭国全図」
（古河歴史博物館蔵）

◆4

土井利與の上洛と明治の足音

親しかった水戸藩士に対する〝水戸降人問題〟に苦しみながらも、
時は幕末動乱期、藩存続のために全力を傾ける中、
藩論は勤皇誓約することで生き残る道の模索をしていく。

水戸降人の処刑と釈放

元治元年(一八六四)三月、水戸藩内の尊攘派のなかでも最も過激派であった藤田小四郎、竹内百太郎《ひゃくたろう》らは、湊、小川、潮来《いたこ》などの郷校に屯集する下級藩士、郷士、村役人、一般農民などを糾合《きゅうごう》、町奉行田丸稲之衛門を首領として筑波山で挙兵、〝天狗党〟と称したのである。この天狗党には全国から尊攘運動有志が集まり、一〇〇〇人以上を数えたといわれる。

天狗という呼び名は、水戸藩九代藩主徳川斉昭が天保期(一八三〇~四四)の藩政改革を実施した時、改革を喜ばない門閥派が、改革派藩士を非難したところから出ているようで、改革派には成り上がりの軽格武士が多かったから、成り上がり者が天狗になって威張るという軽蔑の意味がこめられていたとみられている。

その一方で水戸藩内には、同じ尊攘派であっても急進主義の檄派《げきは》に対立して、ゆるやかな改革を目指す保守系鎮派が勢力を保持していた。この反天狗派を通常〝諸生党《しょせいとう》〟と称しており、彼らが水戸藩の実権を握っていたのである。この天狗党と反天狗党勢力〝諸生党〟の両者は、常陸国内を舞台として激しく争うこととなる。

しかしこの抗争の中で天狗党は、栃木町《とちぎ》や真鍋宿などで軍資金調達を迫り、これに応じないと放火などを行ったことから次第に悪評となり、幕府は天狗党に対する取り締まりを周辺の諸藩に命じている。そして幕府はやむを得ない場合は、武力を用いて鎮圧してもよいとの指示を発している。

この抗争で結局、天狗党一派は元治元年十月、幕府追討軍に投降することとなり、水戸藩家老榊原新左衛門以下一千余人は佐倉、高崎、関宿各藩に身柄を預けられ、翌十一月には再び古河、忍、佐倉、関宿、岩付、河越、高崎各藩など二二藩へ預けられている。

幕命により、古河藩は一〇二名の投降者の身柄を預かることとなり、これを収容できる建物はなく、やむなく急遽長谷《はせ》に仮収容所が設けられている。

この場所は、古河歴史博物館に隣接した、現在〝鷹見泉石記念館〟のあるところである。だが、この仮収容所が前の佐倉藩と比べて、粗末な施設であるとの不満を訴える投降者が多くいたという。このため土井家では、慶応元年（一八六五）

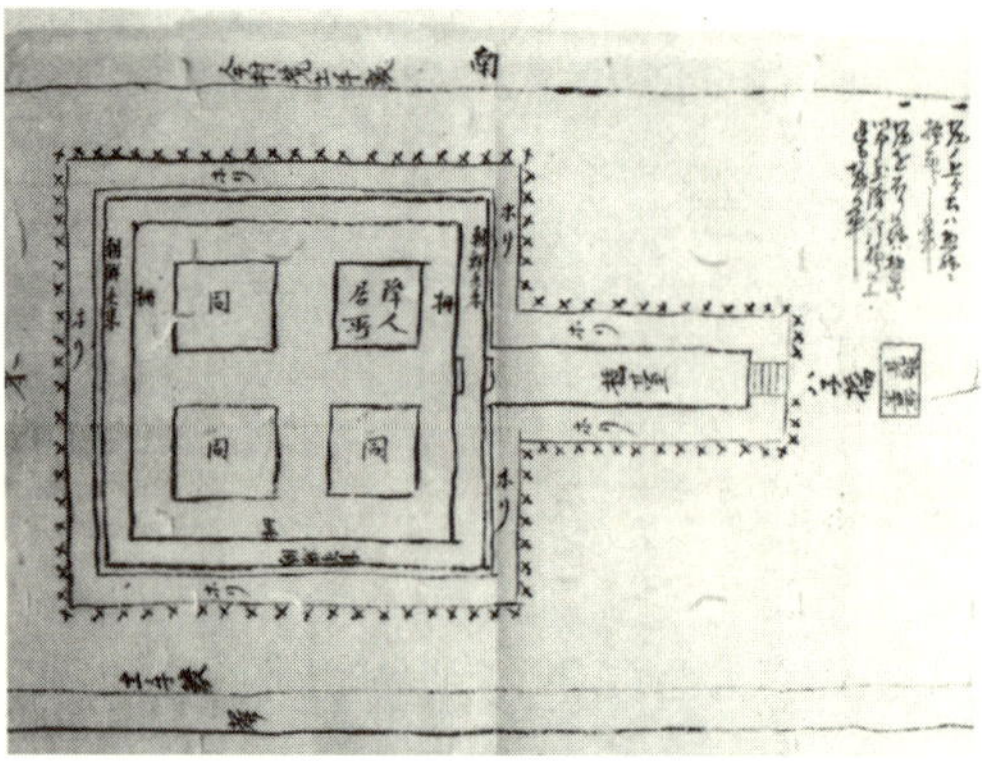

「水戸藩降人居所図」
（古河市史編さん室蔵）

二月に、古河城内追手門（観音寺曲輪）に新しい収容所を完成させている。

非道と罵られた古河藩

今回の天狗党一派の水戸〝降人〟の諸藩へのお預けは幕命によるものであるが、やがて〝降人〟への裁定が出されることとなった。幕府目付長田《おさだ》六左衛門、使《つかい》番《ばん》永井大之丞《だいのじょう》の一行は慶応元年四月四日に古河に到着、〝降人〟の一部の処刑実施を命じている。古河藩ではこの処刑実施についてはもともと乗り気ではなくその実施を渋ったが、幕命であることから拒否はできなかった。翌四月五日城下に臨時に設けられた処刑場にて、午前中は水戸藩家老榊原新左衛門ら一七名が切腹して果てている。午後は梶清次衛門《かじせいじえもん》ら一二名が斬首《ざんしゅ》されている。

死刑執行は生き残った〝降人〟たちには極秘にされたが、いつしか知れ渡っている。そして〝降人〟の中でも慶応元年四月から同三年十一月までに一五名の病死者が出ている。幕命により古河で預かった降人数は一〇二名で、処刑者二九名と病死者一五名の計四四名が亡くなったのである。残りの五八名は慶応四年（一八六八）二月に幕府から赦免となってようやく釈放されている。

土井家ではこの天狗党一派の水戸降人事件についての公式記録は遺していない。これは幕藩体制の崩壊前夜という時代背景もあるが、あまり公にしたくない、で

「水戸藩勤王志士殉難之地」碑（古河市西町）

きればそっと歴史の彼方に埋没させておきたいという思いもあったに相違ない。

しかし現実は、水戸降人五八名が郷里水戸に帰るや、古河藩での〝水戸降人〟の扱いがどのように惨めで辛酸《しんさん》をなめたか、その非道ぶりを吹聴したのである。

それまで土井家と水戸徳川家とは入魂《じっこん》で、友好関係を保持してきていた。土井家の藩祖土井利勝は、水戸徳川家の藩祖頼房公に対し後見人的立場をとっていた一人でもあったのである。

利勝の娘が藩祖頼房公の長男松平讃岐守頼重（水戸徳川家の分家）に嫁いでおり、水戸徳川家三代藩主綱條《つなえだ》公は土井利勝の実孫である。また御城代土井内蔵允の一族も水戸徳川家の家臣として分家している間柄であった。

以来友好関係を保ち続けてきたが、今度の天狗党一派の〝水戸降人問題〟で関係は一変してギクシャクした関係となり、この問題は現在にまで何らかの形で尾を引いているのではなかろうか。特に水戸は県都であることから、県との関係にも影響したようにも思われる。

教育者で古河市名誉市民第一号に推挙された千賀覚次氏は、昭和十二年『水戸藩勤皇志士　殉難余光』を著している。近年では平成元年に中川保雄氏が『古河藩幕末史　佐幕派の蹉跌』を著している。

これらは幕末期古河藩における水戸降人の取り扱い方について、従来誤解されている歴史認識の真相を明らかにしようと意欲的に取り組んだ作品である。

勤皇誓約を果たすまで

十五代将軍徳川慶喜は慶応三年（一八六七）十月十四日、明治天皇に政権返上を上奏し、翌日勅許されている（大政奉還）。これを受理した朝廷は、さっそく全国の大名を京都に召集し諸侯の会議によって国政の方針を定めようとした。

この朝召の命に、古河藩十四代藩主土井利與は同月二十一日江戸城にて接している。当時土井家では京都御所近くにも藩邸をもっていたほか、大津にも家臣を常駐させて上方の情報をいち早く獲得し、本国に伝えていたのであった。したがって土井家では大政奉還直後の十月十七日に、大津常駐の家臣が京都二条城に出頭して朝廷からの召命を受領していた。

そこで至急便で江戸の藩主利與《としとも》のもとに運んだところ、江戸ではすでに朝廷からの召命は知っていたという。そこで利與は急ぎ上京する決意であったが、京都では追って指示があるまで出立は見合わせよという意見もあって、なかなか上京できずにいた。

そうした中で同年十一月十七日に土井利與は、土浦藩主土屋寅直《ともなお》、関宿藩主久世広文《ひろふみ》、宇都宮藩主戸田忠友、館林藩主秋元礼朝《ひろとも》、刈谷藩主土井利教《としのり》ら二四人の連署をもって「忘恩の王臣たらんより、全義の陪臣たる」と主張して、朝廷の召命を断りたいと申し出ている。

では利與は佐幕派かというと決してそうではなく、その一方で勤皇派たる上洛の準備もしており、土井家はまさに二股をかけていたのである。この時古河藩に限らず全国諸侯も混乱状況に陥っていて、足並みが整っていなかったと思われる。

そうこうしているうちに、同年十二月九日、倒幕を目指す大久保利通、岩倉具視の画策で、〝王政復古の大号令〟において、慶喜の将軍辞職と幕府の廃止が決定している。慶喜には辞官（内大臣の辞職）と納地（幕府領の返上）が命ぜられている。

これに対し慶喜は衝突を避けるべく大坂城に退去し、諸外国の公使らを集めて徳川の正統性を主張、さらに朝廷に運動して辞官納地を修正させて穏やかな形に直してもらう画策をしている。同三年に薩摩藩が江戸市中で庄内藩に挑発的な破壊工作を行い、庄内藩が江戸薩摩藩邸の焼き討ち事件を起こすと、慶喜の周囲ではさらに「討薩」を望む声が高まり、慶喜は薩摩征伐を名目に、事実上京都封鎖を目的とした出兵を開始した。

徳川軍主力の幕府歩兵隊は鳥羽街道を進み、会津藩、桑名藩の藩兵、新選組などは伏見市街へ進んだ。しかし慶喜は慶応四年一月三日に勃発した〝鳥羽・伏見の戦い〟で徳川軍が形勢不利になったと見るや、まだ兵力を十分に保持しているにもかかわらず、兵を置き去りにし、軍艦開陽丸で江戸へ退却している。

慶応四年一月十一日品川に到着した慶喜は、翌十二日江戸城西の丸に入り今後の対策を練った。慶喜は十三日歩兵頭に駿府（現静岡市）警備、十四日には土井利與に神奈川（現横浜市）警備を命じ、十七日には目付を箱根、碓氷《うすい》の関所に配し、二十日には松本藩・高崎藩に碓氷関警備を命令している。

これと同時並行して土井家では、徳川慶喜が〝鳥羽・伏見の戦い〟で敗れて江戸城に戻った一月十二日に、家老小杉監物輔長《けんもつすけなが》は藩主利與《としとも》の上洛準備のためその名代として上洛し、京都周辺の情勢をうかがい同二十四日に江戸に戻っている。

その一方で新政府はすでに東海道・東山道・北陸道の三道から江戸を攻撃すべく、一月五日には橋本実梁《さねあや》を東海道鎮撫総督に、同九日には岩倉具定《ともさだ》を東山道鎮撫総督に、高倉永祜《ながさち》を北陸道鎮撫総督に任命して出撃させていたが、二月六日天皇親征の方針が決まると、それまでの東海道・東山道・北陸道鎮撫総督は先鋒総督兼鎮撫使に改称された。二月九日には有栖《ありす》川宮《がわのみや》熾仁《たるひと》親王《しんのう》が東征大総督に任命されている。

ちょうどこの頃の慶応四年二月八日、悲劇が土井本家ではなく、支藩の刈谷藩主土井利教のもとで起こっている。土井利教は前年の十一月十七日、藩主二四人の連署の一員として、幕府に対して朝廷の召命を断りたいと申し出ている人物であった。だが刈谷藩の大勢は藩の態度をすでに勤皇と決定し、藩主が上京して勤皇誓約を果たす意向であったが、藩の上層部は古河藩土井本家への配慮から決断を渋っていたという。これに業《ごう》を煮やした急進派が三家老を惨殺するという痛ましい事件を起こしている。

新政府軍と徳川軍との江戸城総攻撃を回避するための江戸開城交渉は、徳川家側の最高責任者である会計総裁大久保一翁《いちおう》、陸軍総裁勝海舟と、東征軍参謀西郷隆盛との間で、田町（現東京都港区）の薩摩藩江戸藩邸において、三月十三日、十四日の二回行われた。

勝との会談後、西郷は江戸を発って急ぎ上京し、三月二十日にはさっそく朝議が催された。今まで強硬論者だった西郷は、勝の要請を受け入れて慶喜の助命に転じている。

四月八日に東征大総督有栖川宮は駿府を発し、同二十一日江戸城へ入城。ここに江戸城は正式に大総督府の管下に入り、江戸城明け渡しが完了した。

こういった政局を背景として、土井利與が明治天皇への勤皇誓約のため上洛しようと、江戸を出発したのは三月二十日であり、江戸城の無血開城が決した直後であった。

その途上、佐幕派の岩崎亘理《わたり》は、土井利與の上洛を品川で阻止しようとしたが、家老小杉監物輔長が拒否している。その後も国許の佐幕派はおさまらず、さらに清水恒太郎《つねたろう》、牧田源之丞《げんのじょう》らの使者を送り阻止しようとしたが、家老小杉監物輔長は頑として受け入れなかった。

利與は三月二十六日駿府で東征大総督有栖川宮熾仁親王に伺候し、四月六日に京都の土井邸に到着している。しかし明治天皇は三月二十一日以来、関東御親征のため京都を留守にして大坂にいた。利與は閏四月八日大坂より還幸の明治天皇を九条家門《くじょうけもん》で出迎え、翌九日に明治天皇に拝謁し、十日には勤皇誓約を果たし本領を安堵され上洛の目的を果たしている。

江戸城が無血開城されると、徳川慶喜の身柄は水戸へ移された。藩校弘道館の一室にて引き続き謹慎した後、七月には徳川家は駿府に移された。これにより徳川家による政権は幕を閉じた。

慶応四年（一八六八）九月八日に、同年一月一日に遡って明治元年と定めている。

明治新政府は天皇を中心とした中央集権国家の構築を目指し、ここに歩み出したのであった。

晩年の利與
（『古河史蹟写真帖』より）

5

明治期の土井家の家臣団構成

江戸期を終える時まで、土井家では五代利益以来の藩運営方針を貫いてきた。家臣団の構成の特徴としては、リストラ策が一番に挙げられる。ゆえに、力をもつ商人が現れるが、時は移っても、藩主への思いは……。

五代藩主時代からの人員削減策

慶応四年（一八六八）四月、江戸幕府の解体により成立した明治新政府は、政体書において、地方制度では大名領を藩とし、大名を知事に任命して諸大名統治の形を残す府藩県三部制を確立したのであった。そして明治二年（一八六九）六月十七日に日本の明治政府により行われた中央集権化事業の一つの版籍奉還を実施している。版籍奉還により旧藩主は新知事となり十四代藩主利與《としとも》は古河藩知事に任じられている。

この版籍奉還とは諸大名から天皇への領地（版図）と領民（戸籍）の返還を意味しているが、版籍奉還は次の廃藩置県までの過渡的措置であって、明治四年には薩長土を主体とする御親兵という軍事力をもって廃藩置県を行い、府県制が確立する。

古河藩土井家にはこの明治二年六月の版籍奉還直前の〝明治二年古河分限帳〟が伝存している。これによると版籍奉還直前の八万石時代、士分以上二〇七家で八十石以上の知行高は一一二家あって計二万四千二石である。

土井家には、この明治二年六月の版籍奉還直後の〝明治三年諸課役員士族等名面〟を存しているが、これが実質的に最後の分限帳となっている。しかし藩士の禄高は旧高の八分の一程度に大きく減じられている。さらに明治四年七月に廃藩置県が断行され、同六年以降の秩禄処分によって旧藩士も離散し、藩組織も事実上ここに解体したのであった。

土井家のリストラ路線の結末

現代社会でリストラとは、一般に企業が事業規模（収入）にあわせて組織を再編成し出費を抑制し、合理的に事業を再構築することである。しかし現実には経営側は社員に対しリストラを口実に〝人員削減〟〝人員整理〟から「クビ切りの容認」もできると解釈され、安易に人員削減（解雇）される傾向にある。経営者側の経営責任が厳しく問われてしかるべきであろう。

藩政時代の土井家臣のリストラについて、「家臣の知行高」の変遷表を下に再掲載するので、これを見ながら検討してみる。

①延宝八年（一六八〇）、五代藩主利益時代、古河藩七万石の家臣団構成
②延享元年（一七四四）、六代藩主利実時代、唐津藩七万石の家臣団構成
③天保十一年（一八四〇）、十一代藩主利位時代、古河藩八万石の家臣団構成
④明治二年（一八六九）、十四代藩主利與時代、古河藩八万石の家臣団構成

①〜④までを見ると、知行取家臣数の総計とその知行高総計が漸次減少していくのがわかる。これとは逆に、扶持取の家臣数の総計とその扶持高の総計は漸次増大しているのである。

これについては、①利益時代に

㈠藩として知行取以上の家臣の新規召し抱えはしない
㈡藩として家臣の家禄（本高）の加増はしない
㈢藩として家臣の分家創設は認めない

といった明確なリストラ路線が首脳部に何らかの形で明らかに存在し、藩政時代を通じて明治期の版籍奉還時まで一貫して継承されてきたと考えられる。

大名家は家を存続させるためには、家臣総数やその知行総高を抑制する政策をとっていかないと財政的に破綻することは明白であった。このため藩は家臣に対し㈠〜㈢のいわばリストラ路線を、少なくとも延宝八年利益時代から明治二年（一八六九）十四代藩主利與時代の版籍奉還時まで一貫して政策として実施してい

家臣の知行高

石　高	①延宝８年	②延享元年	③天保11年	④明治２年
3,000石以上	1	1	1	1
2,000石以上				
1,000石以上	2	1	1	1
500石以上	6	2	3	3
450石以上	1			
400石以上		1		
350石以上		2	1	1
300石以上	2	10	7	8
250石以上	12	7	11	10
200石以上	19	22	10	10
150石以上	39	30	29	27
100石以上	52	61	50	40
50石以上	32	16	12	11
50石未満	52	58	79	95
計	218	211	204	207
知行高総計	32,554石	28,667石	25,509石	24,002石
扶持高総計	369人扶持	645人扶持	857人扶持	962人扶持
藩の公称高	70,000石	70,000石	80,000石	80,000石

たことは明らかである。

つまり藩政時代を通じて知行取の家臣数、知行総高が漸次減少していく一方で、その家臣減少数をいわば扶持取の下級家臣数が増加して穴埋めしていく過程が明白となっている。

そして藩経営を担当する士分以上の家臣数は、藩政時代ほぼ二一〇人前後で維持されている。つまり藩政時代が継続していけば、まさに藩財政における家臣団の給与比率が、漸次軽減するシステムとなっているのである。

そしてあらためてここで指摘しておきたいのは、このリストラ策の起点は五代藩主利益の下総古河藩主時代と思われるが、豊饒の地と言われる六代利実の肥前唐津藩主時代、さらに十一代利位の下総古河藩再封後の一万石加増時代、明治期の版籍奉還時まで、何ら変更されることなく一貫して続いていたということである。

このリストラ路線を断固一貫して継続することで、藩経営が将来破綻せぬように、当時の人たちも懸命に努力していたのであろう。

藩主さえ圧倒した豪商

明治新政府の支持を表明した古河藩は、慶応四年(一八六八)二月、新政府軍から軍資金として一万両の借金と五〇〇両の献金を命じられている。さらに新政府軍から兵食方御用を命じられた古河藩は、同年閏四月にも新政府軍から兵食方御用として、三〇〇〇両の借金を命じられている。

これだけにとどまらず、兵食方御用の古河藩は、当時古河城内の米蔵に貯蔵していた扶持米七年分のすべてを、新政府軍に提供させられている。

これら新政府軍からの支援要請に、当時の古河藩独自の財力では捻出困難であった。藩の興亡をかけた首脳部は、この緊急事態に城下の有力商人から藩への献金を仰いで、何とか凌ぐ方策しか残されていなかった、というのが実情であった。この金策をめぐる問題については、慶応四年二月の「献金上納帳控」が、現在によくその内容を伝えている。

これをみると、城下の商人一九三名から七二四一両余の献金がなされている。しかしこれだけの献金をもってしても、なお藩財政は急迫している状態で、翌三月に古河藩は城下商人らに対し、追加で九四五両の上納を命じている。

この献金額七二四一両余の内訳は、一両から最高三〇〇〇両までと大きな開きがあり、この筆頭三〇〇〇両は一名のみで、これだけでも献金総額の四一パーセントを占めており、二番手の三五〇両の二名を遥かに引き離している。

当時、この三〇〇〇両を藩に上納した人物は、丸山儀左衛門である。儀左衛門はこの藩への多大な貢献により、藩から帯刀を認められた上で、一〇人扶持も賜り、武士に準じていたようである。倅の丸山定之助《さだのすけ》は商人らを統轄する大年寄御《おおとしよりお》取扱《とりあつかい》に就任している。

丸山儀左衛門について郷土史家伊藤巌氏によれば、「丸山家は幕末期に古河における第一の富商であります。先祖は八百屋にはじまり、二丁目に出店した初代が五十集《いさば》と生魚問屋。二代目は木綿・穀類・紅花など広げ質店も兼業しております。三代目儀左衛門に至り、奥州紅花を上方へ運ぶ荷為替で繁盛し、北関東一の豪商となり、古河藩御用達や町大年寄取次役となっております。『富一州《とみいっしゅう》に冠たり』と称され、当時現金だけでも十三万両★を蓄積したといわれ、藩への献金・困窮者に対する扶助金等は古河商人中抜群の金額でありました」とその豪商ぶりを『古河史逍遥』に記している。

幕末の頃になると古河城下には、北関東一の豪商と称された丸山儀左衛門のように、個人でも財力においては古河藩主を圧倒する富豪も出現していたのである。なお丸山家は戦前まで、金物の卸問屋（八百藤金物店）として、北関東随一といわれた有名な豪商であったという。子孫は今も古河市内に健在である。

この丸山儀左衛門は慶応四年（一八六八）に没し、墓は古河市本町一丁目の尊勝院にあり、古河市指定文化財となっている。

▼十三万両
現在の約四〇〇億円。

最後の藩主土井利與の明治・大正・昭和

古河藩の最後の藩主は土井利與で、藩祖利勝から数えて十四代目の土井家当主である。

嘉永四年（一八五一）六月、古河藩主土井利則の長男として、江戸日比谷の古河藩上屋敷で生まれ、慶応三年（一八六七）四月、父が病を理由に隠居したため、十六歳で家督を継いだ。

幕末動乱期、土井家家中も他藩同様、幕府方の佐幕派と新政府方の勤皇恭順派に分かれ、藩の存亡を賭けた深刻な状況にあった。

この時、筆頭家老小杉監物輔長は佐幕派を説得し藩内を勤皇恭順派に統一、若き藩主利與を伴い上洛し、慶応四年閏四月、明治天皇に拝謁し勤皇の誓約をなし本領を安堵されている。明治二年（一八六九）六月、版籍奉還で利與は古河藩知事に任ぜられ、明治四年七月の廃藩置県で免官された。そして華族に列し、子爵となる。

利與はその後の明治、大正と生き抜き、昭和四年（一九二九）一月に享年七十九歳で死去している。

彼は長身で大変ハイカラ好きで、明治以降にどんなに時代が変わっても、死ぬまで〝殿様道〟を貫き通した人物であった。

旧藩士たちが旧藩主利與の御前に罷り出て伺候した際、些細なことでも「下がれ！」と一喝した噺や、頑健で七十歳を過ぎても側室との間に子供を儲けたエピソードなども伝えられている。

明治26年（1893）、正定寺での利勝250回忌に際し、最後の藩主・利與と古河在住の旧藩士（中央の帽子姿が利與）

これも古河

今に伝わる古河の風物詩(2)

古河の銘菓"御家宝"

江戸時代から古河で代々受け継がれている銘菓に御家宝がある。この御家宝は和菓子の一つで、おこし種を水飴などで固め棒状にした芯に、きな粉に水飴などを混ぜた皮を巻き付け、さらにきな粉を表面にまぶしたものであり、青色のものは青大豆を用いて製造されている。この御家宝の名の由来については、もとは"五か棒"と書いていたが、文政初年頃、老舗の千歳屋が古河藩主土井公に献上したところ、大変気に入られ、これこそは家の宝であるからと"御家宝"と命名されたということだ。

猿島茶

猿島《さしま》茶は江戸時代から古河を含めた猿島地方の特産品であり、茶業は古河の地場産業の一つである。領内の農家においても茶園を経営している者も多かった。特に古河はこの猿島茶の集積地で、江戸などの消費地に搬送されていった。

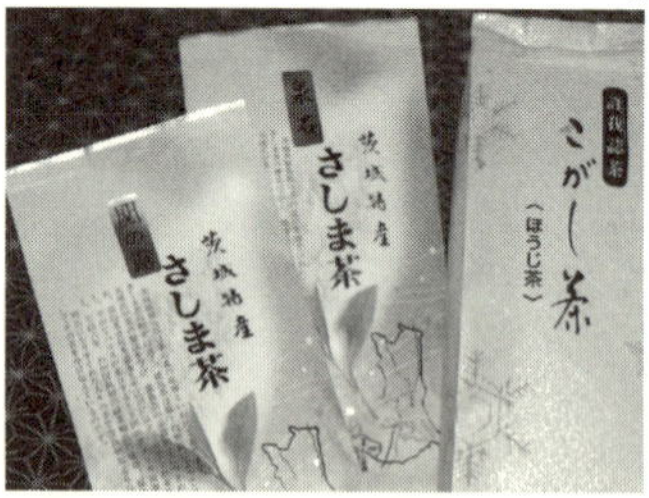

鮒の甘露煮

「宝暦十二年（一七六二）古河の水利の恵みを受け、そこでとれる鮒を「フナの煮つけ」として旅人などにもてなした」と、当時（古河藩主土井利里公の時代）の記述が残っている。これが「鮒の甘露煮」のルーツで、以後、当時の職人たちが工夫に工夫を重ね現在の味付けの下地が作られた。現在では、普段の食卓以外でも、贈答用や、正月のおせち料理として、大変愛されている。

御慶事

天保二年（一八三一）創業の青木酒造は古河で唯一の酒蔵。看板の清酒「御慶事」はすっきりとした味わいが特徴で、大正天皇御成婚を寿いで名づけられた。

御慶事　上撰

エピローグ

古河市の復権を願う

明治維新後の古河はまさに受難続きといっても過言ではないようである。

明治四年（一八七一）、廃藩置県により幕藩体制は解体され、古河は茨城県の南西端に位置することとなり、県都水戸からみて僻地に甘んじることとなった。

本来古河の地は、広大な関東平野のど真ん中に位置し、首都東京に比較的近距離にあって交通の便も決して悪くはない。しかるに古河の場合、現行の県境では、古河が関東平野の真ん中という利点がかえって災いし栃木県、埼玉県、群馬県といった他県との県境の接点となっているのが現状である。

加えて、もともと藩政時代の古河藩の藩領としていた地域は茨城県内には少なく、むしろ栃木県、埼玉県側に属するところが大なのである。江戸時代の二百数十年間、営々として続いていた古河藩領内の関係は、明治期に遮断されてしまった。これが大変な痛手であった。

古河が県と対峙した問題で、よく知られているのは中等学校の誘致問題である。

明治維新以後、古河の住民の中には、先の藩政時代からの影響もあり、相当優秀な子弟が多かったようだ。その代表格として、数人を挙げておきたい。

まず、文政三年（一八二〇）生まれの土井家家臣だった国学者・神官で、明治期に入って伊勢神宮などで教師を務め、『仮名本義考』などの著作を残した堀秀成。

そして、日下寛は嘉永五年（一八五二）、土井家家臣の家に生まれ、明治・大正を通じて漢学者・歴史家として名を馳せた。

岡村司は、慶応三年（一八六七）生まれの法学者・弁護士で、京都帝国大学教授を務めた。

女性では、安井てつを忘れるわけにはいかない。明治三年に旧藩士安井津守の長女として土井家江戸屋敷で生まれ、東京女子師範学校（現・お茶の水女子大学）卒業後、イギリスへ留学し、大正十二年（一九二三）には東京女子大学の第二代学長に就任した。

兄弟で名を留めているのが、明治十年代に生まれた藤懸静也・廣で、旧藩士の流れをくんでいる。兄静也は美術史学者で東京帝国大学文学部教授となり、弟廣は軍医の最高位である陸軍軍医総監となっている。

このような優秀な子弟に対し、当時古河町には中等普通教育機関がなく、やむなく他県の栃木県、埼玉県の旧制中学校へ通学しているのが実態であった。

このため、大正十年十二月に古河町長中村正躬以下有志五〇名が茨城県に対し「茨城県立中学校建設陳情書」を提出している。同陳情書には『……県下水戸市に次の市街地に有之、王政維新の奥羽の要衝として、関東に重きをなしたる城下に候処、維新後、行政区画の変更に伴い自然地の利を失はしめらに立ち至り……』と当時の古河の現状がよく記されている。

古河町内への県立普通科中学校の誘致は、町民の悲願ではあったが、県は猿島郡の中心は境町ということで、同町に県立普通科中学校を設置している。

県立普通科中学校が境町に創立されたことに、古河町民は大変な不満をもち、栃木県への編入運動を起こしたり、県税不払い運動を行ったりなど、いろいろと物議をかもし出した。

平成十七年（二〇〇五）九月、古河市と総和町と三和町による平成の大合併で、新生古河市は県内有数の都市となった。同二十二年九月七日、関東の中心、中核的な都市として発展することを目指し、「関東ド・マンナカ」であることを宣言し、さらなる飛躍を遂げようとしている。

あとがき

古河藩史に初めて正面から取り組んだ頃、幕末の古河城内には、歴代大名家の在藩時の史料が、きちんと一貫して累積されているものだと思い込んでいた。

しかし、恩師千賀忠夫先生から「大名家の交替の際、在藩史料については次に入部する大名には事務引き継ぎはされないで、移封地へ持って行ってしまうのだ」と教えられ、実際古河には、江戸時代後期から明治時代に入るまでの土井家の藩政記録しかなく、他の一〇家にわたる大名家時代の記録は、残念ながら存在していないことを知った。

このため本書においては、古河藩大名家としては土井家を中心とせざるを得なかったことから、藩主の代数を歴代古河藩主でなく、土井家の当主の代数としたことを、ここでお断わりする。

現代に遺る古河藩史料は、藩財政の困窮や藩士の窮乏、藩内の権力抗争、領内での飢饉、河川の洪水、火山噴火の被害、火災等に関するものが圧倒的に多く、これらのことを中心に内容を展開せざるを得なかった次第である。それと、史料の有無というだけでなく、武家社会の動向を軸としているのは、筆者の専攻によるところも大きく関わっている、とご理解いただきたい。

古河藩は先進藩の割りに風景画や肖像画、庶民生活を記録した風俗画などの史料図版がきわめて少ないということも浮き彫りになった。

ところで僭越ながら、古河藩主土井家の初代土井利勝の出生問題、元和八年（一六二二）四月二代将軍秀忠の日光社参の際に宇都宮城主本多正純による謀叛疑惑が発生し、古河城内にて将軍秀忠に急遽替え玉を立てた事件、土井家家臣団の変遷等について、編集部から書籍で触れるのは初めてのことではないだろうかとの言葉もあり、筆者自身、大変励みとなって本稿を書き上げるエネルギーとなった。

本書で史料の誤読をはじめとする不備な点については、皆さまの叱正をいただき、後日訂正ができればと念じている。

なお、本書執筆にあたり、日頃より親しくご指導をいただいております古河の文化と歴史を護る会の金谷武雄会長をはじめ同会の皆さま、古河市古河文化協会の柴戸英一理事長をはじめとする文化協会の皆さまにも、ここに厚く感謝申し上げます。

また、川島恂二氏をはじめ古河市郷土史研究会の鷲尾政市会長、田嶋幸男氏、伊藤厳氏、亀田輝夫氏、江面静彦氏にも、ご指導を賜り、心より厚く御礼申し上げます。

末尾ながら、このような作品が出版にまでこぎ着けたのは、ひとえに山形県鶴岡市在住の畏友・本間勝喜氏と現代書館社長菊地泰博氏、編集スタッフの二又和仁氏、黒澤務氏の熱心で根気強いご指導があったからに他なりません。ここに感謝申し上げます。

参考文献

『古河市史　資料近世編（藩政）』（古河市、昭和五四年）
『古河市史　資料近世編（町方・地方）』（古河市、昭和五七年）
『古河市史　通史編』（古河市、昭和六三年）
『古河市のあゆみ』（古河市、昭和四五年）
『古河市史　資料　別巻』（古河市、昭和四九年）
『古河市史史料集　第一集～第七集』（古河市教育委員会、昭和四〇年～同四六年）
『古河市史研究 創刊号～第一二号』（古河市、一九七六年～一九八七年）
『古河史蹟写真帖』（古河史蹟保存会、昭和七年）
『昭和十年版　古河史蹟写真帖』（古河史蹟保存会、昭和一〇年）
『古河通史　上巻』（鎗水柏翠、柏翠会、昭和六一年）
『古河通史　下巻』（鎗水柏翠、柏翠会、平成四年）
『正＋続雪華図説　復刻版　雪華図説考』（小林禎作、築地書館、一九六八年）
『水戸藩勤皇志士　殉難余光』（千賀覚次、昭和一二年）
『古河市の文化財』（古河市教育委員会、平成五年）
『古河のあゆみ（写真集）』（古河郷土史研究会、昭和五四年）
『古河案内』（中村正躬、古河郷友会、明治四三年）
『古河概観』（服部源蔵、関東タイムズ社、昭和三年）
『古河大観』（三瓶一郎、古河町役場、昭和九年）
『北下総地方史』（今井隆助、崙書房、昭和四九年）
『土井利勝』（鷹見安二郎、古河市、昭和五〇年）
『古河郷土史研究会会報』（第一～第四八号、古河郷土史研究会発行）
『古河市史こぼれ話』（岡村実、古河市、昭和六三年）
『古河史逍遥』（伊藤巌、私家版、一九九七年）
『古河藩幕末史　佐幕派の蹉跌』（中川保雄、私家版、一九八九年）
『古河藩系譜略』（古河歴史博物館、平成一〇年）
『明良洪範　全』（国書刊行会、明治四五年）
『柳営婦女伝叢』（国書刊行会、大正六年）
『唐津市史　復刻版』（唐津市、平成三年）
『藩制一覧　一』『同　二』（復刻版、日本史籍協会叢書、昭和四二年）
『明治政覧　日本帝国形勢総覧』（復刻版、続日本史籍協会叢書、昭和五一年）
『鷹見泉石日記第一～第八巻』（古河歴史博物館編、吉川弘文館、二〇〇一～四年）
『古河藩系譜略』（古河歴史博物館、平成一〇年）
『幕藩制の成立と近世の国制』（山本博文、校倉書房、一九九〇年）
『小山市史　資料編　近世一』（小山市史編纂委員会、昭和五七年）
『小山市史　資料編　近世二』（小山市史編纂委員会、昭和五八年）
『小山市史　通史編Ⅱ　近世』（小山市史編纂委員会、昭和六一年）
『加賀藩史料　第二編（慶長一一～寛永一七）』（清文堂、昭和五五年）
『佐倉市史　巻一』（佐倉市史編纂委員会、佐倉市、昭和五四年）
『新修渋谷区史　中巻』（渋谷区、昭和四一年）
『佐野市史　資料編一』（佐野市史編纂委員会、佐野市、昭和五〇年）
『新訂寛政重修諸家譜』（全二七冊、続群書類従完成会、平成二年）
『新編藩翰譜』（全五冊、新人物往来社、昭和五二年）
『新訂増補 国史大系　徳川実記』（全一七冊、吉川弘文館、平成二年）
『日本の歴史』（全二六冊、中公文庫、中央公論社、昭和五六年）
『武野燭談』（村上直校注、江戸史料叢書、人物往来社、昭和四二年）

協力者

古河市教育委員会／古河歴史博物館／古河市／古河郷土史研究会、古河の文化と歴史を護る会／正定寺／田嶋幸男氏／河口廣一氏

早川和見（はやかわ・かずちか）
昭和二十八年（一九五三）、茨城県古河市生まれ。地元の郷土史家、故・千賀忠夫氏（古河市初代名誉市民）に師事し、郷土史全般、古文書解読法等を学んだ千賀史学の継承者。一九九三年、第十八回郷土史研究賞「特別優秀賞」を受賞（新人物往来社主催）。
現在、古河の文化と歴史を護る会会員（古河市古河文化協会所属）、古河郷土史研究会会員。日本歴史学会、山形県地域史研究協議会、東亜天文学会等に所属。専門は日本近世政治史。著書に『山形最上家と古河土井家について』（私家版、一九八六年）、ほかに発表した論文は三〇点余り。

シリーズ藩物語 **古河藩**

二〇一一年二月二十日 第一版第一刷発行

著者――――早川和見
発行所――――株式会社 現代書館
東京都千代田区飯田橋三―二―五 郵便番号 102―0072 http://www.gendaishokan.co.jp/
電話 03―3221―1321 FAX 03―3262―5906 振替 00120―3―83725
発行者――――菊地泰博
組版――――デザイン・編集室 エディット
装丁――――中山銀士＋杉山健慈
印刷――――平河工業社（本文）東光印刷所（カバー・表紙・見返し・帯）
製本――――越後堂製本
編集――――二又和仁
編集協力――――黒澤 務
校正協力――――岩田純子

 ISBN978-4-7684-7124-1

江戸末期の各藩

松前、八戸、七戸、黒石、**弘前**、**盛岡**、**一関**、秋田、亀田、本荘、秋田新田、仙台、松山、**新庄**、**庄内**、天童、長瀞、**山形**、上山、**米沢**、米沢新田、相馬、福島、**二本松**、三春、**会津**、守山、棚倉、平、湯長谷、泉、**村上**、黒川、三日市、**新発田**、村松、三根山、与板、**長岡**、椎谷、**高田**、糸魚川、松岡、笠間、宍戸、水戸、下館、結城、**古河**、下妻、府中、土浦、麻生、谷田部、牛久、大田原、黒羽、烏山、高徳、喜連川、宇都宮、壬生、吹上、**足利**、佐野、関宿、高岡、佐倉、小見川、多古、一宮、生実、鶴牧、久留里、大多喜、請西、飯野、佐貫、勝山、館山、岩槻、忍、岡部、川越、沼田、前橋、伊勢崎、館林、高崎、吉井、小幡、安中、七日市、飯山、須坂、松代、上田、**小諸**、岩村田、田野口、**松本**、諏訪、**高遠**、飯田、金沢、荻野山中、小田原、沼津、小島、田中、掛川、相良、横須賀、浜松、富山、加賀、大聖寺、郡上、高富、苗木、岩村、加納、大垣、高須、今尾、犬山、挙母、岡崎、西大平、西尾、吉田、田原、大垣新田、尾張、刈谷、西端、長島、**桑名**、神戸、菰野、亀山、津、久居、鳥羽、宮川、彦根、大溝、山上、西大路、三上、膳所、水口、丸岡、勝山、大野、**福井**、鯖江、敦賀、小浜、淀、新宮、田辺、紀州、峯山、宮津、田辺、綾部、山家、園部、亀山、福知山、柳生、柳本、芝村、郡山、小泉、櫛羅、高取、高槻、麻田、丹南、狭山、岸和田、伯太、豊岡、出石、柏原、篠山、尼崎、三田、三草、明石、小野、姫路、林田、安志、龍野、山崎、三日月、赤穂、鳥取、若桜、鹿野、津山、勝山、新見、岡山、庭瀬、足守、岡田、岡山新田、浅尾、松山、鴨方、福山、広島、広島新田、高松、丸亀、多度津、西条、小松、今治、松山、新谷、大洲、吉田、宇和島、徳島、**土佐**、土佐新田、松江、広瀬、母里、浜田、津和野、岩国、徳山、長州、長府、清末、小倉、小倉新田、福岡、秋月、**久留米**、柳河、三池、蓮池、唐津、**佐賀**、小城、鹿島、大村、島原、平戸、平戸新田、中津、杵築、日出、府内、臼杵、**佐伯**、森、岡、熊本、熊本新田、宇土、人吉、延岡、高鍋、佐土原、飫肥、薩摩、対馬、五島（各藩名は版籍奉還時を基準とし、藩主家名ではなく、地名で統一した）

★太字は既刊

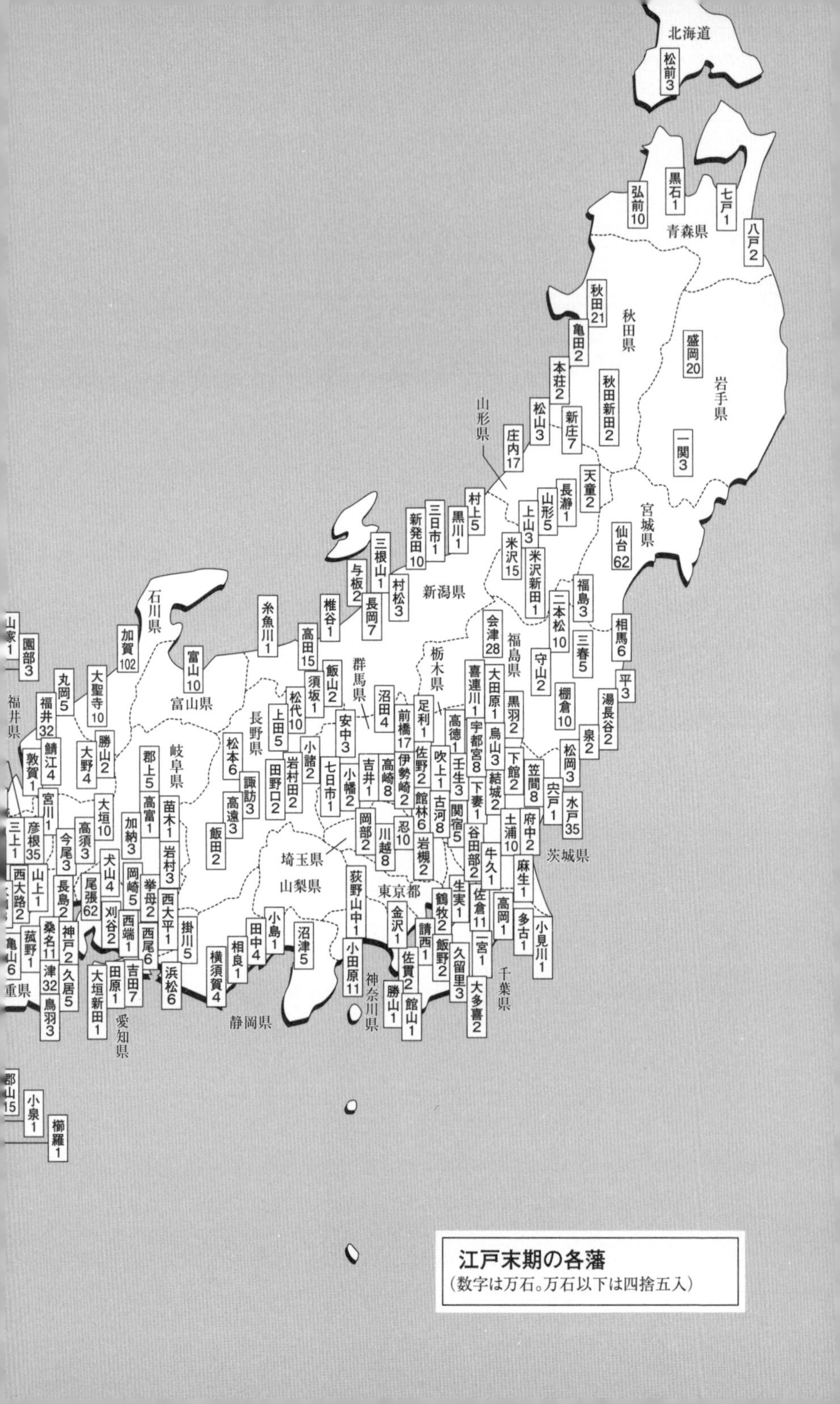

江戸末期の各藩
（数字は万石。万石以下は四捨五入）